译笔

北京中轴线文化游典

视通万里

北京非物质文化遗产保护中心 组织编写

王晓洁 编译

北京出版集团
北京出版社

图书在版编目（CIP）数据

译笔：视通万里 / 北京非物质文化遗产保护中心组织编写；王晓洁编译. — 北京：北京出版社，2021. 10
（北京中轴线文化游典）
ISBN 978-7-200-16089-5

I. ①译… II. ①北… ②王… III. ①北京—地方史—史料 IV. ①K291

中国版本图书馆CIP数据核字（2020）第255414号

北京中轴线文化游典
译笔
视通万里
YIBI
北京非物质文化遗产保护中心　组织编写
王晓洁　编译
*
北京出版集团
北京出版社　出版
（北京北三环中路6号）
邮政编码：100120
网　址：www.bph.com.cn
北京伦洋图书出版有限公司发行
北京鑫益晖印刷有限公司印刷
*
787毫米×1092毫米　16开本　23印张　270千字
2021年10月第1版　2023年7月第2次印刷
ISBN 978-7-200-16089-5
定价：79.80 元

“北京中轴线文化游典”
编委会

总　序

“一城聚一线，一线统一城”，北京中轴线南端点在永定门，北端点在钟楼，位居北京老城正中，全长7.8千米。在中轴线上有城楼、御道、河湖、桥梁、宫殿、街市、祭坛、国家博物馆、人民英雄纪念碑、人民大会堂、景山、钟鼓楼等一系列文化遗产。北京中轴线自元代至今，历经750余年，彰显了中华民族守正创新、与时俱进的文脉传承，凸显着北京历史文化的整体价值，已经成为中华文明源远流长的伟大见证。

北京中轴线是北京城市的脊梁与灵魂，蕴含着中华民族深厚的文化底蕴、哲学思想，也见证了时代变迁，体现了大国首都的文化自信。说脊梁，北京中轴线是中华民族都市规划的杰出典范，是北京城市布局的脊梁骨，对整座城市肌理（街巷、胡同、四合院）起着统领作用，北京老城前后起伏、左右对称的建筑或空间的分配都是以中轴线为依据的；说灵魂，北京中轴线所形成的文化理念始终不变，尚中、居中、中正、中和、中道、凝聚、向心、多元一统的文化精神始终在中轴线上延续。由此，北京中轴线既是历史轴线，又是发展轴线，还是北京建设全国文化中心的魅力所在、资源所在、优势所在。

北京中轴线是活态的，始终与北京城和中华民族的发展息息相关。在历史长河风云变幻中，一些重大历史事件都发生在中轴线上，同时中轴线始终有社会生活的烟火气，留下了京城百姓居住、生活的丰富印迹。这些印迹既有物质文化遗产，又有非物质文化遗产；这些印迹不仅有古都文化特色，还有对红色文化的展现、京味文化的弘扬、创新文化的彰显。中轴线就像一个大舞台，包括皇家宫殿、士大夫文化、市民生活，呈现开放包容、丰富多彩、浓厚的京味，突出有方言、饮食、传说、工艺、科技以及各种文学、艺术等。时至近现代，在中轴线上还有展现中华民族革命斗争的历史建筑和社会主义现代化建设的红色文化传承。今天，古老的中轴线正从历史深处昂扬走向璀璨的未来，在传统文化与现代文明的滋养中焕发出历久弥新的时代风采。

北京中轴线是一张“金名片”，传承保护好以中轴线为代表的历史文化遗产是首都的职责，也是每一个市民的责任。以文塑旅，以旅彰文，“北京中轴线文化游典”是一套以学术为支撑，以普及为目的，以文旅融合为特色，以“游”来解读中轴线文化的精品读物。这套读物共 16 册，以营城、建筑、红迹、胡同彰显古都风韵，以园林、庙宇、碑刻、古狮雕琢文明印迹，以商街、美食、技艺、戏曲见证薪火相传，以名人、美文、译笔、传说唤起文化拾遗。书中既有对北京城市整体文化的宏观扫描，又有具体而精微的细节展现；既有活跃在我们生活中的文化延续，也有留存于字里行间的珍贵记忆。

本套丛书自规划至今已近3年，很多专家学者在充分的交流与研讨中贡献了真知灼见，为丛书的编辑出版提供了宝贵建议。在此，我们对所有参与课题调研、交流研讨的专家学者以及众多编者、作者表示感谢。

“让城市留住记忆，让人们记住乡愁。”北京中轴线的整体保护与传承，不仅是推进全国文化中心建设的重要举措，更是我们这一代人的历史责任与使命。只有正确认识历史，才能更好地开创未来。要讲好中轴线上的中国故事、传递好中国声音、展示好中国形象，使这条古都的文化之脊活力永延。我们希望“北京中轴线文化游典”的问世，能让历史说话，让文物说话，让专家说话，让群众说话，陪伴您在游走中了解北京中轴线的历史文化内涵，感知中轴线上的文化遗产，体验首都风范、古都风韵、时代风貌，不断增强文化获得感，共筑中国梦。

李建平

2021年4月

目 录

前　言

众笔斑斓，眼下只是初读

我觉得，站在北京城墙上欣赏风景是件绝美的事，尤其是在夕阳西下的晴天，那景色会使你终生难忘：头顶的蓝天和白云，远处深红和金黄色的天空，晚霞照耀下的紫色西山，城内的苍松翠柏，金色琉璃瓦的皇宫屋顶，一片片普通的灰砖民居……

1902—1903年，苏珊·汤丽以驻华公使夫人的身份住居北京，1904年《我的中国笔记》一书出版，这是她印象最深的一个画面。

几乎二十年以后，即1921年，瑞典人奥斯瓦尔德·喜龙仁得民国总统特许，由溥仪陪同进入故宫等地考察，1924年完成了《北京的城墙和城门》一书，他同样描述了这样一个镜头：

春、夏季，城墙上一簇簇灌木丛，生机盎然。金秋十月，景色秀美，尤其是在晴空万里的时候向西望，在远处深蓝色西山的映衬下，城墙显得分外美丽。如果观赏者能在秋天有幸在城墙上度过风和日丽的一整天，就一定会记住城墙上的风景——明媚的阳光、清澈的天空、清晰的细节以及那协调的颜色。

一百年后的今天，即2020年的中秋、国庆双节假日之际，在微博上、朋友圈里，我看到数不尽的“京城落照图”——恰是苏珊和喜龙仁所称赏的角度——西山如黛，飞霞似锦。经历了年初以来与“新冠”病魔鏖战的我们的北京，朗朗清秋，长空若洗，远山近筑，无比壮丽，亿万同胞共庆非凡年月取得的伟大胜利。假日几天，我断断续续检理春夏间编选的西方人士有关北京中轴线的文字记录（主体是近代，自1840年鸦片战争后开始，大略至1949年中华人民共和国成立之前结束），历史的影像一幕幕在我脑海里展开，草草写下感悟与亲爱的朋友们一起分享，更希望朋友们在阅读每个文段时，关注每个事件的历史背景。

苏福芸（谢福芸）在天坛给巡逻兵拍照

苏福芸，英国在华传教士苏慧廉之女。苏氏父女1914年在北京创办了培华女子中学——大概当时能与之齐名的只有贝满女子中学。1916年，十二岁的林徽音（后改名林徽因）曾在培华女子中学就读。苏福芸嫁给了英驻华使馆商务参赞谢立山，乃从中国的习俗改叫谢福芸。谢福芸在华游览了诸多名胜古迹，在《中国淑女》等书中留下了记录。

1917年，张勋率“辫子军”逼走黎元洪，屯兵天坛，妄图扶植溥仪复辟。冯玉祥、吴佩孚等兴师“讨逆”，逐张勋遁入荷兰使馆，吴佩孚的士兵一时看守天坛。谢福芸这当口儿做了一次天坛的游客。

士兵们在公园里巡逻与天坛的神圣氛围太不协调了，我问跟着我的一个士兵：“你倚着白色的栏杆，让我给你拍个照行吗？”他干脆地回答：“即使你给我钱也不行。”我又说：“那我就光拍你，不用倚着栏杆行吗？当我回国后，就可以对着照片回忆起我见过的中国士兵了。”听了此话，那士兵说：“那你得发誓把照片寄给我。”我递给他一个信封，让他在背面写上他的名字、部队番号和邮寄地址。他歪歪扭扭写下了自己的名字和通信地址，然后拉上同伴，倚靠着圜丘的白栏杆让我拍照。后来我兑现了我的承诺，不但给他寄了照片，还给他的同伴也寄了一张。

这断断不是“宏大记事”。处处留心的谢福芸女士，与并不愚钝的吴佩孚的士兵，百年之前在古老的天坛圜丘的石栏侧，有这么一番“涉外交谈”，还留下了那么一张“历史照片”，今天读来颇值得回味。

1900年，天桥是如此可怖

今天我应法国公使的邀请去游览天坛。我们沿一条大道走了半个小时，来到一座汉白玉的拱桥。桥下满是垃圾，还能见到腐烂的尸体，臭味难闻。河对岸已成一片荒原。据说这里曾叫“乞丐桥”，在联军攻破北京城之前，桥上会有很多乞丐站在桥两边，向过往的行人索要钱财，有时，他们甚至会持棍棒抢劫。他们还有个帮派名字叫“丐帮”，会推举出帮主主事。现在，这些人已经跑得无影无踪了。……这里不见人迹，偶尔可见几条野狗，有的嘴里还叼着裹着破衣烂衫的死尸。

这段描述的历史背景是1900年8月14日八国联军攻入北京，慈禧太后挟光绪皇帝西逃，北京城沦于联军的铁蹄之下。记录者是法国海军上尉皮埃尔·洛蒂——他后来成为享有世界声誉的法兰西学院的院士。当年，他无疑是侵略者中的一员，用日记的形式记录了他在北京的所见所闻，结集成《在北京最后的日子》。上面引述的这段文字，见洛蒂写于1900年10月19日星期五的日记，即联军攻陷北京两个月的时候，也就是说，他所记之方方面面，应该说是即时的、新鲜的。

明朝皇帝建天坛、先农坛，要过去祭天、躬耕，而当年途经一带地势低洼，有乱水自西向东流，于是天桥兴焉，为皇帝朝祭之途。然而，1900年的天桥竟是这样一派荒凉可怕的景象，我们今天读来真真想象不到！

海军上尉洛蒂先生的描述还断非孤证，在他之后，英国作家裴丽珠长期跟她在中国海关工作的父亲居于北京（她的姑父就是1861—1908年中国海关总税务司的罗伯特·赫德先生）。1922年，她出版了《北京纪胜》，其中关于天桥的记录是这样的：

天桥位于前门外，汉白玉结构，最近刚刚修好，人们可以经它到天坛，它的底下是一条很臭的河。天桥上以前总聚集一些乞丐，于是人们就把这座桥与偷盗、乞讨、犯罪联系在一起，也正因如此，如果对一个中国人说“去天桥”，那就是对他最大的侮辱。

1900年，1922年，天桥仍是一派旧貌；其实，即使到了1949年，中华人民共和国成立以后，我们看《龙须沟》，天桥荒败依然。直到半个多世纪以后，天桥的面貌才有了变化。

在北京人的语境中说“天桥”，其一是直指永定门内这座具体的桥，其二是不由得扩大了内涵，连同这桥周边的区域，建筑、店铺、摊群……是包括这一“商圈”了。1936年，云游客（连阔如）曾著《江湖丛谈》；1950年，张次溪又有《人民首都的天桥》；1995年，黄宗汉编《天桥往事录》；1999年，成善卿出《天桥史话》……都留下了珍贵的史资。

从前门到崇文门，不应该忘记的城墙记忆

北京老城首先是一个“大方框子”，然后再加上南边那个“帽子”，这个印象存活在北京人的脑海里，存活在关心、学习北京历史文化的更多人的知识存储中。

从前门到崇文门（哈德门），不过是“大方框子”南墙的东段，翻检昔人的文章，查看历史的旧照，这段城墙的面貌我们还可以捡拾得到。英国女作家裴丽珠，因长期活动在这段城墙之北的使馆区，所以她留下了自己殊具特色的文字。

……从前门走到哈德门，这段一英里的路在历史上（1900 年）曾是战场，中国的义和团在这里向外国公使馆开炮……

战争之后，联军向清政府提出要求，接管部分城墙，并以保护公使馆为由，在城墙上设置巡逻兵。美国还在公使馆外安了铁门、铁环，开凿了地下通道，他们甚至架设了无线电缆以保障与海上救援部队的联系。后来在这段路上，也就是从前门到哈德门之间的城墙顶部，他们铺上了石砖，这段路就变成光滑的、无杂草的平坦大道；而清政府管理的十三英里长的城墙依旧是崎岖不平的狭窄土路，特别是雨后，蔓生的杂草疯长，高得犹如一片丛林。

顺着城墙顶往东走，向左可以俯瞰整个使馆区，就整体而言，这里的建筑不是很和谐，与相邻的紫禁城形成鲜明的对比。应该承认，中国人比我们更知道怎样使建筑适应周围的风景，使建筑和风景交融一体。右边是北京的外城，当夏天来临时，外城一片片郁郁葱葱的树木使它更像个大花园。天坛那蓝色的穹顶就像美丽的宝石在茂盛的树木中耀眼生辉。

今天，不管你是从前门东行到崇文门，还是从崇文门西去前门，看到高楼鳞次栉比，听道上车流马达轰鸣，你很难想象当年这里城墙巍然的具体样貌。裴丽珠所说站在城墙上“向左”（即向北，向城内）看，使馆区的面貌与紫禁城搭配得不是很和谐，“中国人比我们更知道怎样使建筑适应周围的风景”；向“右边”（即南边）看，“天坛那蓝色的穹顶就像美丽的宝石在茂盛的树木中耀眼生辉”。现如今，北京的外城中高楼林立，再想看天坛祈年殿的蓝顶已有关山隔万重之感了。

景山和它的五个亭子，如何排列

景山和它的五个亭子，我们大多熟悉，也差不多都曾登临。刘易斯·查尔斯·阿灵顿享年八十四岁，其中有五十余年是在北京度过的，他1935年在上海出版了《古都旧景》（又译《寻找老北京》）一书。书中这样记述了景山：

> 景山位于紫禁城北门外，它是一座人造山……
>
> 山上有五个亭子，又是一个奇数，一个在山顶，两个在东，两个在西……
>
> 山顶就是五亭中最大的亭子——万春亭。巨大的木质佛像还不太显旧，以前的铜像在1900年被法国军队掠走了。

这里想着重述及景山上的五个亭子。

在编选这本书的日子里——疫情稍缓的喘息时间，我几次登上景山，反复观瞻这五亭，绕它们的南北西东，给它们留影。断续地在案头，也整理相关的历史记录，如乾隆时《日下旧闻考》（1788年刻本），嘉庆时《国朝宫史续编》（1806年编成），《旧都文物略》（1935年出版），《北京名胜古迹》（1962年出版），《北海景山公园志》（2000年出版），《皇城宫苑——景山》（2003年出版），《北京文物志》（2006年出版），《景山》（2009年出版）和《景山公园要览》（2014年出版）。

从这些文献中和一些影像中，我发现景山五亭的排列顺序有很大的差异，欣慰的是在查阅景山管理所资料时，找到其中一段公园研究者张富强的解释：景山于1928年被辟为公园对外开放，辑芳亭和富览亭的牌匾可能在开园前的修缮时被互相颠倒，并一直持续下来。1997年，园区专家查阅了《日下旧闻考》和《国朝宫史》两种清代权威文献，发现景山西边第一座实为富览亭，第二座应是辑芳亭，于是当年即将两亭牌匾顺序对调。

在今日的景山五亭盘桓，拍照，验证了今五亭的排法已回到二百多年前乾隆时期的旧貌，这显然是古籍学者、文物专家及园林人士共同努力的结果。

更令人欣慰的是，当今游客可以从东南西北四个方向看到万春亭的牌匾，其余四个亭子也可以从东南西三个方向看到，如果你登上景山，别忘记在美丽的景山五亭前留影，这将是一份珍贵的留念。

皇城西翼的庄亲王府，这记录幸存它的一角

在北京城里找“平安里”这个地方，不少人都会告诉你；但若是问“庄亲王府在哪儿啊”，大多数人都会摇头的。不错，庄亲王府原来大体上就是在平安里这块地界上。

英国外交家阿奇博尔德·约翰·立德，曾活跃在19世纪末与20

世纪初的北京政治舞台上，他的妻子立德夫人以写作见长，其代表作《我的北京花园》文采飞扬。

立德夫人曾住庄亲王府两个月，她对这里有过亲切的描述：

一条石子路通向山顶，这条路比较宽敞，足够四个人并排行走。这花园的设计之绝就是它的光影效果，当阳光照进来，它的影子随风而舞，令人陶醉。我经常随意在园子的某一个亭台楼阁小坐一会儿，吸吸新鲜空气，仰望天空，捕捉那投在墙壁、穿过镂空花砖的光源……

清代吴长元《宸垣识略》有言："庄亲王府在西四牌楼北毛家湾。"这可以帮助我们对庄亲王府进行定位。立德夫人的记载则推动我们对王府风物的捕捉。20世纪初，先是美国人洛克菲勒以12.5万美金购得王府井之豫亲王府，结果府中掘出窖藏金银，远远超过购府之资；之后天津军阀李纯、李馨兄弟以20万元购进了庄亲王府，掘地三尺以冀求"窖银"发财而未得，结果毁坏了全院；不久，国民党师长刘汝明买下东四六条崇礼宅院，又在整修院内水池时发现大量金银财宝，白手捡得大院还发了横财……乱世间的得失变幻不由使人目眩神迷！当我们长吁叹惋之际，就更加痛惜庄亲王府之败落。李纯、李馨兄弟随后将这块地面加以改造、新建，命名为"平安里"。今天我们在西城文物保管的库房里，还可见"平安里"三字的石匾。

关于本书的几点说明：

1. 古老的北京，璀璨的文化，一直都是外国人想亲密接触的，其中北京的中轴线更受外国旅行家、史学家、美术学者和文学家青睐。本书旨在从浩瀚的史海中漉沙淘金，把外国人对中轴线的记载选裁下来，萃精取华，力求简短，所选的十七位作者多为清末民初旅居北京的知名外籍作家。

2. 在编排时，为了突出文化旅游特色，本书在不影响原著意思的情况下，进行了适当的拆解，以体现北京中轴线地标顺序的特点。

3. 为了便于读者理解节选片段提及的事件所发生的背景，文前对原著作者做了介绍，节选片段加上了小标题。

4. 需要特别强调的是，一些作者对北京城墙、建筑等的测量、计算或统计每每有误差，但为尊重原著，本书未对这些数字进行直接修改，个别明显的错误通过夹注形式提醒读者注意。

5. 本人文史及建筑方面的知识不足，译文中难免有诸多错误，敬请谅解并予以批评指正。

王晓洁

2020 年 10 月

北京中轴线的外国记录者

文字记录者

马可·波罗（约1254—1324）

Marco Polo

本书节选作品：

《马可·波罗行纪》（*Travels of Marco Polo*），约1299年

马可·波罗，意大利旅行家。于1275年到达元上都，后又到达元大都（今北京市），因其聪慧，懂蒙古语及元朝礼仪，长期在朝廷担任要职。

马可·波罗1292年返回威尼斯。1298年在战争中受伤被俘。在监狱中，他请同狱室的作家笔录了他二十多年在各国的经历和见闻，写成了著名的《马可·波罗行纪》。此书一问世，就引起人们的极大关注，还被翻译成多种语言。

丁韪良（1827—1916）

William Alexander Parsons Martin

本书节选作品：

《花甲忆记》（*Cycle of Cathay*），1900 年

《中国觉醒》（*Awaking China*），1910 年

丁韪良，美国人，美国基督教长老会传教士。1850—1860 年在中国宁波传教。因其精通汉语，1858 年参与起草了《中美天津条约》。

丁韪良于 1850—1916 年在中国生活，创办了北京崇实中学。曾长期担任北京同文馆和京师大学堂的负责人。

著有《花甲忆记》《北京之围》《中国人对抗世界》《中国觉醒》等书。

萨拉·康格（1843—1932）

Sarah Pike Conger

本书节选作品：

《北京信札》（*Letters From China*），1909 年

萨拉·康格，美国人，于 1898 年跟随丈夫——美国驻北京公使爱德温·赫德·康格（Edwin Hurd Conger）到中国，在北京生活、工作了七年。

《北京信札》是萨拉·康格与亲朋好友之间的书信合集，共收录了八十封信件。在《北京信札》中，有很多信件是作者在中国游玩的经历及对中国晚清风俗、饮食文化和服饰的描写。

立德夫人（1845—1926）

Mrs. Archibald Little

本书节选作品：

《我的北京花园》（*Round About My Peking Garden*），1905年

阿奇博尔德·立德夫人，英国人，是阿奇博尔德·约翰·立德（Archibald John Little）先生之妻，随夫来华生活长达二十年，是一位活跃的外交夫人和知名作家。

在华期间，她以阿奇博尔德·立德夫人之名，撰写、发表有关中国题材的作品，先后出版了九部英文著作。

《我的北京花园》是一部以北京游历为主要题材的回忆录，再现了20世纪初北京的社会生活场景。

李提摩太（1845—1919）

Timothy Richard

本书节选作品：

《在华四十五年》（*Forty-five Years in China*），1916年

李提摩太，英国传教士。1870年底抵达上海，随后到山东传教。1886年到达北京。李提摩太以西方文化吸引知识分子和社会上层人士，他和许多政府要员，如李鸿章、张之洞都有较深的交往，李提摩太对中国的维新运动有很大影响。

其主要著作有：《在华四十五年》《七国新学备要》《泰西新史揽要》《天下五大洲各大国》《百年一觉》《新政策》等。

皮埃尔·洛蒂（1850—1923）

Pierre Loti

本书节选作品：

《在北京最后的日子》（*The Last Days of Pekin*），1902年

皮埃尔·洛蒂，法国小说家，法兰西学院院士，享有世界声誉。他擅长写海外风情，著有《冰岛渔夫》《拉曼邱的恋爱》《菊夫人》等书。

1900年八国联军进占北京时，他作为海军上尉来北京，记述来京见闻，写成由他的私人日记汇编而成的纪实性文学作品《在北京最后的日子》，此书如实记录了1900—1901年八国联军侵华时期，北京周围的方方面面。

何德兰（1859—1942）

Isaac Taylor Headland

本书节选作品：

《晚清宫廷》（*Court Life in China*），1909年

何德兰，美国传教士，1888年来华，兼任北京汇文书院文科和神科教习，多次为光绪翻译并提供西方书籍，其夫人是慈禧太后的母亲、隆裕皇后的妹妹及众多达官贵妇的家庭医生。

何德兰编撰了大量有关晚清中国的著作，主要有:《孺子歌图》《中国儿童》《中国英雄》《中国小兄弟》《晚清宫廷》《中国的新时代》《中国百姓生活》《中国童谣》。

刘易斯·查尔斯·阿灵顿（1859—1942）

Lewis Charles Arlington

本书节选作品：

《古都旧景》（*In Search of Old Peking*），1935年

刘易斯·查尔斯·阿灵顿，美国人，在北京生活、工作长达五十余年。

1920年后专门从事写作和研究工作，成为一位汉学家，并著有《中国戏剧史》和编译了《中国名剧集》等著作，在国际学术界有一定的影响。

他阅读和参考了大量关于北京的书，对北京的历史文化有深入的研究，所著的《古都旧景》1935年在上海出版。《古都旧景》具有极高的学术价值。

凯瑟琳·卡尔（1865—1938）

Katherine Augusta Carl

本书节选作品：

《一个美国女画师眼中的慈禧》（*With the Empress Dowager of China*），1905年

凯瑟琳·卡尔，美国女画家，在20世纪初创两项空前绝后的世界性纪录：她是唯一在中国宫廷之内持续住了很久的外国人，又是唯一替尚健在的中国后妃画过肖像的人。

卡尔1903年来华，经美国公使夫人康格的推荐为西太后画像，在画像的九个月期间，基本上住在宫里。完成了四幅西太后的肖像，并发表了巨作《一个美国女画师眼中的慈禧》。

苏珊 · 汤丽（1868—1953）
Lady Susan Townley

本书节选作品：
《我的中国笔记》（*My Chinese Notebook*），1904 年

苏珊 · 汤丽，英国财政大臣威廉 · 库茨 · 凯普（William Coutts Keppel）的女儿，1896 年与沃尔特 · 汤丽爵士（Sir Walter Townley）结婚。

1902—1903 年，沃尔特 · 汤丽爵士被任命为英国驻北京公使，汤丽夫人随同来华，结识慈禧等皇室贵族，游历中国多地。1904 年，她依据这段经历写成的回忆录《我的中国笔记》出版发行，在西方世界引起轰动。

格蕾丝 · 汤普森 · 西登（1872—1959）
Grace Thompson Seton

本书节选作品：
《中国灯笼》（*Chinese Lanterns*），1924 年

格蕾丝 · 汤普森 · 西登，美国人。1888 年开始在三藩市的报纸上发表文章。

1896 年，西登嫁给美国童子军创始人欧尼斯特 · 汤普森 · 西登。1910—1920 年间担任美国康涅狄格州妇女选举协会副会长和会长。1926—1928 年担任美国笔会会长。

20 世纪 20 年代游历过日本、中国、印度支那、埃及和拉丁美洲。

1924 年出版的《中国灯笼》记录了其采访过的中国众多社会名流。

庄士敦(1874—1938)

Johnston，Sir Reginald Fleming

本书节选作品：

《紫禁城的黄昏》(*Twilight in the Forbidden City*)，1934年

庄士敦，英国苏格兰人，毕业于爱丁堡大学和牛津大学。清朝末代皇帝爱新觉罗·溥仪的外籍老师。

庄士敦1898年来华，先后在香港、威海卫的英殖民政府任职，是一位地道的“中国通”。1919年，被聘任为溥仪的英语、数学、地理等西方学说老师。1930年返回英国。

其著作有《儒家与近代中国》《佛教中国》《紫禁城的黄昏》等书。

裴丽珠(约1881—1937)

Bredon, Juliet

本书节选作品：

《北京纪胜》(*Peking*)，1920年

裴丽珠，英国女作家，中国海关总税务司裴式楷之女，其姑父是罗伯特·赫德(Sir Robert Hart)。裴丽珠长期在华居住，其夫为法国人罗尔瑜。

著有《北京纪胜》《中国阴历风俗节日记》《中国新的年节》《百坛记》等书。

奥斯瓦尔德·喜龙仁（1879—1966）

Osvald Siren

本书节选作品：

《北京的城墙和城门》（*The Walls and the Gates of Peking*），1924年

《老北京皇城写真全图》（*Imperial Palaces of Peking*），1926年

奥斯瓦尔德·喜龙仁，20世纪西方重要的中国美术史专家。自1920年六次来华，就爱上了东方艺术，并对中国古代建筑、雕塑、绘画艺术有深入的研究。

1921年，喜龙仁得到民国总统特许，考察了民国政府驻地中南海、北京的城墙与城门，并在溥仪的陪同下，进入故宫实地勘察和摄影。

其著作《北京的城墙和城门》和《老北京皇城写真全图》两书，是现存记录老北京城墙和城门最翔实可靠的文献，更是后世学者无法超越的巅峰之作。

谢福芸（1885—1959）

Dorothea Hosie

本书节选作品：

《潜龙潭》（*The Pool of Chien Lung*），1944年

《中国淑女》（*Portrait of A Chinese Lady*），1929年

谢福芸，英国女作家，生于宁波，原名苏福芸（Dorothea Soothill），传教士苏慧廉之女。1909年剑桥大学纽海姆学院毕业。1911年开始筹款并于1914年秋与校友包哲洁在北京创办培华女子中学，自任英文教员。1913年与英使馆商务参赞谢立山结婚，改称谢福芸。1920年随夫返华，游历名山大川，因其夫而得识不少名人，同时开始写作，且一举成名。著有《两位中国绅士》《中国淑女》《义勇新中国》《潜龙潭》等书。

西德尼·戴维·甘博（1890—1968）

Sidney David Gamble

本书节选作品：

《北京的社会调查》（*Peking, a Social Survey*），1921年

西德尼·戴维·甘博，美国人，社会经济学家和摄影家。

1908—1932年四次旅居中国，作为一名志愿者，他先后担任北京基督教青年会义务干事和华北平民教育运动研究干事，主持了对北京和北方乡村的社会经济调查，甘博共出版了五本有关北京及中国其他地区社会面貌的著述，但至今只有《北京的社会调查》一书被译为中文。

多萝西·格雷（1893—1959）

Dorothy Graham

本书节选作品：

《穿过月洞门》（*Through The Moon Door*），1926年

多萝西·格雷，美国女摄影家，1924年在北京居住。

她以一个女性摄影师的独特角度真实记录了她和丈夫在北京四合院中生活的点点滴滴，对在北京居住期间的所见所闻，对当时北京的市井生活、节庆习俗等方面进行了细致生动的描写，写成了《穿过月洞门》。

影像记录者

小川一真（1860—1929）

Ogawa Kazumasa

日本摄影师，印刷商和出版商，明治时代摄影机械印刷和摄影的先驱。

乔治·厄内斯特·莫理循（1862—1920）

George Ernest Morrison

澳大利亚出生的苏格兰人，1897—1912 年任《泰晤士报》驻华首席记者，1912—1920 年任中华民国总统政治顾问，是一位与近代中国关系密切的旅行家及政治家。

赫伯特·克莱伦斯·怀特（1896—1962）

Herbert Clarence White

与其胞弟詹姆斯·亨利·怀特（James Henry White）分别在 1921 年和 1922 年先后来到中国，拍摄了近四千张关于北京气势雄伟、富有艺术气息建筑的照片。1927 年，赫伯特挑选出具有代表性的照片汇集制作成《燕京胜迹》（*Peking the Beautiful*），由上海商务印书馆出版。

第一辑

京师印象　散云流影

昔日的老北京之总体观照：

您将从八位作者撰写的二十个对北京宏观掠影的文段中看到昔日宫殿、城墙的模样，领略北京城的风景，还能从庙会、古玩市场、餐厅及电影院中体验北京百姓的生活气息。

南池子大街　张维志绘

我这样走近你，北京——神秘之都

围墙重重的宫殿

新城南边的皇宫周围有宫墙及深沟。每边宫墙的长度约是 8 英里（注：1 英里约等于 1.6 千米），每面墙中间都设有一座大门，可供各地来往的人使用。这道围墙的里面约 1 英里处，还有一道围墙，围墙里面是边长 6 英里的广场。围墙之间有卫队驻扎。此广场的南北两边各有三座门，中间的门比两旁的大，只有皇帝出入时才能使用，故此门长久都是关着的，人们进出都要使用旁边的两个门。里面还有一个广场，其围墙非常厚，高 25 英尺（注：1 英尺约等于 0.3 米），城垛和矮墙是白色的。这个广场边长 1 英里，是个 1 平方英里（注：1 平方英里约等于 2.59 平方千米）的方形广场，和另两个广场相同，也是南北各有三座门，场中也建有 8 个建筑物。墙里面种着许多漂亮的树木，还有草场，饲养着很多动物。

故宫里的重重宫门与宫墙

大汗的宫殿就在这 1 平方英里的广场上，宫殿非常雄伟。几乎从北墙一直到南墙，中间有供贵族们和禁卫军行走的过道。大殿只一层，但屋顶很高，房基高出地面许多，四周是 10 英尺宽的大理石平台。平台的外面装饰有漂亮的栏杆，人们可以接近这些栏杆。

宫殿外四边各有一段较长的汉白玉台阶，通过这些台阶可以进出大殿。

大殿及每个房间的四壁雕刻着云龙、鸟兽、战士和战争的图案，其屋顶金碧辉煌。大殿极为宽敞，能容纳众多的人。大殿的后面还有一些建筑物，有的用来存放皇帝的金银珠宝及私人财产，有的是正宫皇后和妃子的寝宫。

（马可 · 波罗《马可 · 波罗行纪》）

独特的纸币

在汗八里城里，大汗有一个造币厂。大汗生产货币的方法很独特，他将桑树的皮剥下来，把外皮与树之间的一层薄薄的内皮放入水内，再把它放入石臼中捣碎，捣成糨糊后再制成纸。这种纸和用棉花制的纸一样，只不过颜色不像棉花制的纸那么白，而是发黑。使用时，就把它截成比正方形稍长一点、大小不一的薄片儿，薄片儿的大小代表不同的金额。所有纸币的样式及工序与制造纯金或纯银币相同，而且，负责的官员要在每张纸币上签名、盖章，再由一个总管盖上御印，这样，纸币就可以流通使用了。所有制造假币的人都会受到严厉的惩罚。

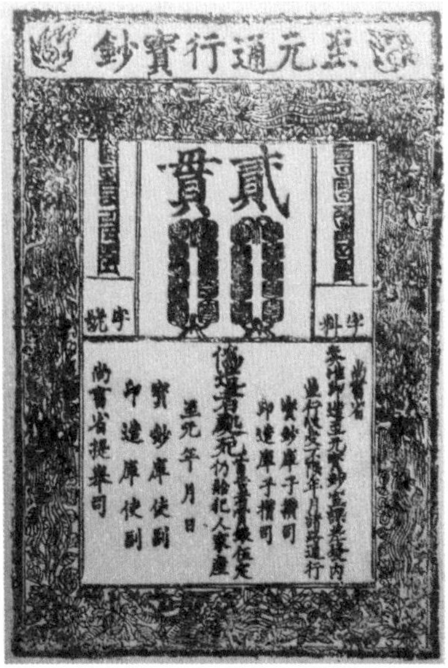

元代至元通行宝钞印模及纸钞

纸币大批生产后，在大汗管理的国土各处广泛流通，所有百姓都欣然接受并使用这种纸币购买商品。

（马可·波罗《马可·波罗行纪》）

植树、植树、植树

大汗还有治国的另外一种措施——他下令在公路两边种植大量树木。这些树木不但可以起到装饰街景的作用，还非常实用，因为它们不仅在夏季提供树荫，在冬季下雪时也能起路标的作用。只要是道路边的土壤适合种树，大汗就命人在这些地方都种上树。倘若道路是经过沙漠或山石的地段，大汗就规定将石块堆在路旁，并竖起石柱，当成路标。大汗还下令：主管官员负责检查道路的保养情况。需要补充一点，大汗之所以这样做，是因为占星家曾对他说，植树能使人延年益寿。

（马可·波罗《马可·波罗行纪》）

琼浆玉液不上头

城里多数居民都喝一种酒，它是用米加上香料和药材酿成的。这种被称为酒的饮料有独特的香味，居民们觉得没有哪一种酒可以取代它。这酒清香不上头，但若是把它温热了喝，很快就会有醉意。

（马可·波罗《马可·波罗行纪》）

北京，我的家

我首次踏进北京的城门是在 1859 年，1863 年我开始在此定居。

这里要比世界上任何一个地方更像我的家，很可能我会在这里结束自己的朝圣之路。

（丁韪良《中国觉醒》）

北京城，你就是八臂哪吒！

根据刘伯温的设计，哪吒的身体用来代表北京城。

	北京城	哪吒的身体部位
1	正阳门	头
2	正阳门瓮城东西两门	耳朵
3	棋盘街	鼻子
4	中华门	嘴
5	棋盘街以南的井	眼睛
6	哈德门	右肩
7	顺治门	左肩
8	朝阳门	右手（东岳庙代表武器）
9	平则门	左手（白塔代表矛）
10	东华门和西华门	臀部
11	东直门和西直门	膝盖骨
12	安定门和德胜门	脚（黄寺和黑寺代表风火轮）
13	皇城的红墙	红肚兜
14	中华门向北的“神路”	气管
15	“神路”两边的房屋	肩胛骨
16	东安门和西安门	胸部
17	天安门前的空地	肺
18	天安门和端门	心包
19	午门	心脏

续表

	北京城	哪吒的身体部位
20	太和门	腹膜的褶痕
21	太和殿	连接心和肝的膜
22	中和殿	肝
23	保和殿	胆
24	三海	胃
25	社稷坛	脾
26	西城的排水沟	大肠
27	东城的排水沟	小肠
28	乾清门	肾之间的连接点
29	乾清宫和养心殿	肾
30	紫禁城西部的一口井	肚脐
31	什刹海	膀胱
32	后门桥	阴茎
33	后门	脊椎骨的末端

（阿灵顿《古都旧景》）

拣几个餐厅记一下

东城：

店名	风味	地址
东兴楼	山东风味	东安门大街路北（建于道光十年，即1830年，名九和兴，现在这里的大师傅过去是给慈禧太后做饭的）
福寿堂	山东风味	金鱼胡同，东安市场北入口对面（已有八十年历史，慈禧晚年很喜欢这里的菜）
玉华台	淮扬风味	王府井大街旁边的锡拉胡同

西城：

店名	风味	地址
忠心堂	福州风味	西长安街（有一百多年历史，过去常给宣统皇帝做饭）
黔阳观	贵州风味	西长安街
大陆春	四川风味	西长安街路南
庆林春	四川风味	西长安街路南
东亚春	四川风味	西长安街路北
新陆春	四川风味	西长安街路南
容园	四川风味	绒线胡同
新广东	广东风味	西单市场

前门外：

店名	风味	地址
致美斋	山东风味	煤市街路西（一百年历史）
福兴居	山东风味	观音寺大街路北
厚德福	北京风味	大栅栏
丰泽园	北京风味	煤市街
正阳楼	北京风味	鲜鱼口（建于乾隆年间）
泰丰楼	山东风味	煤市街路北
功德林	北京风味	李铁拐斜街

（阿灵顿《古都旧景》）

东方无与伦比的城市

也许北京是世界上风沙最厉害的城市。北京城的四面有围墙，

北京古城墙和城楼（哈德门）

城墙里、城墙外都是土。春天，狂风裹挟着风沙横扫一切；夏季，一到雨天，城里就变成烂泥塘，难以行走。初到北京的游客，对这座城市的印象都不是很好，但是他们很快就被这座城市独特的魅力吸引。在东方所有的城市中，北京是无与伦比的！城市的一砖一瓦、一个个居民都渗透出它悠久的历史。而且，这座城市当中还生活着主宰着四亿人命运的神秘的大清皇帝。

北京城有着悠久的历史。这座城市最早出现于公元前 1121 年，当时被称为“蓟”，公元前 221 年，蓟城遭到破坏，新城市被称为“燕”。7—10 世纪，原来的燕城又被幽州取代。幽州城在辽代遭焚毁，重建的城市被称为“燕京”。1135 年，金国灭了辽国，他们在原燕京的基础上建造了新的城市，并把新城和老城统称为“中都”。1215 年，成吉思汗灭金，他的孙子忽必烈于 1264 年在这个地方建立了元大都。西方人是通过读马可·波罗的游记，才知道北京——“汗八里”这个城市的。1368 年，明王朝灭了元，把元大都改为“北平府”。1409 年，永乐皇帝把首都迁到这里，“北京”的名字由此确定，一直沿用到现在（按：实际改北平为北京时间应为 1403 年，迁都时间为 1421 年）。

（苏珊·汤丽《我的中国笔记》）

北京的城门与城墙

现在的北京城，内城和外城是两个相对独立的区域。这两个区域由一道城墙隔开。这道城墙总共有三座城门，分别为哈德门、前门和顺治门。三座城门每天在日落时关闭。内城并不是像多数人说的那样，是个标准的正方形，内城的南城墙和北城墙明显要比东、西两墙长，然而它最初建立时，的确是遵循了中国星象罗盘的理念。除了上面提到的三座城门，还有其他六座：齐化门、东直门、安定门、德胜门、西直门和平则门。（1860 年，额尔金勋爵曾在安定门外驻扎。）

北京城墙的城门洞是砖拱结构，门扇都是厚重的木质大门，上面还有很多大门钉。

北京的城墙是世界上现存护墙之最，它的内城墙周长约 21 英里，40 多英尺高。北京城墙在 1437 年已具雏形，明永乐时期又在原城墙的基础上两面包了一层砖，形成现在的样子。北京的城墙上还建有非常平坦的路，路宽约 50 英尺。站在如此古老的城墙上，看着城外的夕阳和城内灰砖的房屋、整齐的街道，你会由衷生出一种敬意。但遗憾的是，现在这条路长满了野草。

平民百姓不能随意攀登城墙，女人就更不用说了，中国人认为女人出现在城墙上会打扰战神关帝的安宁，同时也会给城市带来灾难。北京内城的九座城门，除一座在 1900 年的战争中被损毁，其余都保留着完整的城楼，它们都是标准的方形建筑，约 80 ~ 90 英尺高。在那些已起不到任何作用的防御炮口处，还隐约能看到大炮。每座城门外还有一座箭楼，它们和城楼的高度、厚度是一样的。

在所有城门中，西方人最熟悉的就是前面提到的哈德门、前门和顺治门。哈德门在使馆区的东面，前门正对着紫禁城的大门，顺治门在最西边。（我们去赛马场就路过顺治门。）所谓的“水关”并不是正式的城门，而是联军在 1900 年用炸药开辟出来的。（它是御河的水闸，当年英军就是从这里潜入使馆救出了公使人员。）这里现在由外国军人驻守，它也是通向火车站的关口。

前门城楼在1900年被火烧毁，现在已开始对其维修。从前门到哈德门，这段一英里的城墙在义和团时期是战斗最激烈的地方。前门共有四座大门，中间的通道只有皇帝可以使用。皇帝前往天坛祭天或出城打猎都由这个城门出城，然后沿前门大街一直向南。前门城楼旁还有两座庙，一个是关帝庙，另一个是观音庙。1900年，皇帝和太后回到北京时，特意进关帝庙进行祭拜。当时还有很多西方人站在附近的城墙上，目睹这一盛况。前门的城门洞也是很多无家可归的乞丐躲避风雨的地方。冬天，当气温降到8华氏度（约零下13摄氏度）时，乞丐就可能被冻死在这里。每天早上都有专门的马车把尸体收殓起来，葬在城外。这些善举是由富人和盈利的商人资助的，因为他们认为这是在为自己积德。

相对内城墙而言，北京外城的城墙要矮一些，也薄一点儿。外城墙修建于1544年。1644年大清帝国建立后，八旗子弟享有皇恩，入住内城，外城则成了汉族居民的居住区。城门每天日落后一小时关闭，早晨日出时分打开，这样有效地保护了城池。

表面上，北京城内的满、汉居民仍分开居住，可他们在有些方面已经不分彼此了。北京内城不允许开设烟馆、戏园子等娱乐场所，这些设施就全部转移到了离内城很近的外城地区。

我觉得，站在北京城墙上欣赏风景是件绝美的事，尤其是在夕阳西下的晴天，那景色会使你终生难忘：头顶的蓝天和白云，远处深红和金黄色的天空，晚霞照耀下的紫色西山，城内的苍松翠柏，金色琉璃瓦的皇宫屋顶，一片片普通的灰砖民居。啊！北京，你的这些美景只能登上城墙方可见。

（苏珊·汤丽《我的中国笔记》）

北京的人力车夫

“国会”离我的住处不远，“参议院”门前的大广场上每天停满了人力车、马车、汽车，还有轿子。这些车夫好像有的是时间等活儿，而且他们的劳动更廉价。在北京，因工作的艰苦程度大，一个

等活儿的人力车夫

人力车夫最多也就能干三年。冬天，他们要拼命拉着车跑很远的路，大量的冷空气会侵蚀他们的肺，很容易患上肺炎，一旦如此，虽说不至于有生命危险，但他们再也不能像从前那样拼命地拉车了。想到车夫的艰辛，我就很同情他们。但出于自私的心理我又觉得，使用人力车还是有很多好处的，其中最大的好处就是，你可以随时随地对他提要求、下命令。毫不隐瞒地讲，我和中国的一些朋友曾经在坐人力车时，都会让人力车夫跑快一点儿。

（格蕾丝·汤普森·西登《中国灯笼》）

你会永远记住的城市

站在高处俯视整个北京城，你只会看到一排排灰黑色砖瓦的房顶。春天以后——万物萌发的时节，高耸的树木掩映着屋顶，葱葱绿绿的树叶给这片灰暗的颜色涂抹了许多生机。（中国人不惜花费大价钱保护城内的树木，可是对郊外的树木却经常施行砍伐。）但是到了冬天，树叶一片片飘落，只留下灰白的树干，城内的屋顶又是一片灰暗，显得光秃秃的。

当绿叶凋零的落雪时节，覆盖在树干、屋脊和房檐上的薄薄白雪，在阳光的辉耀下，熠熠闪光。当整个城市笼罩在晨雾下，北京城犹如凝固了的海洋——冷冷的、灰蒙蒙的，虽然海面上的水波依然清晰，但是涌动的波涛已消失。难道这大海如同中国古代文明的生命力一样都被装入了时空胶囊？

这时你禁不住会遐想：在下一个春天，这凝固的大海还能否融化再获新生？生命还会不会伴着美丽和快乐复苏？我们还能否见证新生力量的波涛冲破那古老中国的残垣断壁的历程？还是它的内驱力已经凝固，灵魂也已冻结？清晨的雾气逐渐消散，脑海中的思绪也慢慢消失。这时，城头的士兵吹响军号，向街上瑟瑟发抖的众人宣告：民国十一年，即 1922 年，又一个劳碌繁忙的日子开始了。

在不同人的意识里，城墙留下来的印象亦不同，同时也随着季节、时辰、天气情况以及作为观赏者的不同，对城市的观感也会产生变化。若极目远眺，内城城墙就像延绵不绝的长城，中间点缀着高大的城楼。春、夏季，城墙上一簇簇灌木丛，生机盎然。金秋十月，景色秀美，尤其是在晴空万里的时候向西望，在远处深蓝色西山的映衬下，城墙显得分外美丽。如果观赏者能在秋天有幸在城墙上度过风和日丽的一整天，就一定会记住城墙上的风景——明媚的阳光、清澈的天空、清晰的细节以及那协调的颜色。

但是，在城墙下面，人们看到的却是另外一番景象：城的三面均有堆放杂物的仓库和专门用来积煤的处所，肮脏杂乱的垃圾堆放成一片一片，城墙下边还潜有污水排放口，往外冒着污秽的东西。

然而，有些地段还是不错的，那里的护城河或运河岸边种着杨柳，护城河及城墙之间的空地上栽种着各种椿树或槐树，杨柳垂岸，风景秀美。这些地方最适合春游，你会看到岸边的杨柳叶摇曳在水明如镜的河面上，把河面编织成透明的帷幕。若再等晚些时候，你会欣赏到一簇簇槐树花在枝头上绽放，空气中飘来阵阵清香。如果你选对了地点，在古城墙周围肯定能寻到美景。

（喜龙仁《北京的城墙和城门》）

世界上最好的散步场所

沿着城墙底部的斜坡（中国人称之为马道）而上，到达墙头，就是世界上最好的散步场所。在这里，游客可以花上几个小时来欣赏那让人目不暇接的美景：坐落在万绿丛中金光闪闪的黄色屋顶的庙宇和皇宫、绿色和蓝色琉璃瓦的屋顶、带有做工考究的前廊的红房子、隐藏于百年老树下的灰色小平房、带有华丽牌楼的商业大街以及一片片供牧童放羊的开阔场地。啊！城内种种景象都近在眼前。

可是那些高耸的西洋式或半西洋式新式建筑，就像一个个傲慢的不速之客，无视城墙的保护，破坏了这整幅画面的和谐。不幸的是，这些建筑还在快速增加。人们不禁会问：北京城这种如画的美究竟还能维持几年？每年人们会毁坏多少彩绘雕刻的店面牌楼？为建个半新式的三四层楼房，有多少古老住宅被夷为平地？有多少古老的街道被拓宽？为了铺设轨道，有多少红墙被拆毁？实际上，古老的北京城正在以很快的速度遭受破坏，昔日的皇城早已不复存在。现在是"民国政府"，依然没有专门机构去设法保护那些最值得骄傲、最珍贵的古迹，那百姓又有什么必要去在乎昔日遗留的美景呢？

嘉靖年的城砖

如果对北京城墙给予适当的修缮，把城墙的历史价值挖掘出来，它们无疑会有更多、更有趣的故事，这会比

残破的城墙

任何文字记载更有说服力。可以说，北京城墙是一部用土石筑成的历史书，从诞生到清末，它的内容就一直在更新和补充，它一直在默默地直接或间接反映着北京城的兴衰变迁。北京城发生的重大历史事件，几乎都在城墙上留下了印记——每一次破坏性的战争、和平时期的繁荣、廉洁或腐败的政权、勤勤恳恳或渎职的官员。除此之外，那些参与建筑的工人或者其他人，以不同方式留下的印记，都刻在城墙的历史上。在围绕着北京城长达 14 英里砖砌的长幅画卷中，城墙记录了北京几百年的变迁和劳作，而要详挖这些历史现在恐怕是不行了，只有等考古人员来完成了。

（喜龙仁《北京的城墙和城门》）

站在高高的城墙上

永乐皇帝可谓是个睿智的君主，在北京城的建设中他要比忽必烈略胜一筹，他为了建一个幅员更辽阔、景色更秀美的北京，设计了一套方案。今天我们看到的北京城之美景，恐怕要归功于他了。

在建都城的前三年，永乐皇帝就派大臣从全国各地搜集建皇宫用的珍贵木材，他命令把以前的鞑靼城南墙向内缩进，留出足够的空间用以建造宏伟的皇宫。他的睿智还体现在，他不仅建造了有着漂亮建筑物、优雅庭院的紫禁城，还建造了与之相配的庙宇和桥梁。尽管后来的清朝也想效仿他再建更宏伟的皇宫，但终因缺少高超的建筑理念，而未大兴土木，只是在原有基础上做些小的改建。我们现在看到的紫禁城基本上保留了永乐年间的风貌，这不得不让我们感叹明朝高超的建筑艺术。

慈禧在正阳门

很久以来，爬上皇城的城墙瞭望皇宫是不被允许的。可是在1860年，恭亲王奕䜣急于息事宁人，讨好外国人，下令允许外国人登上皇城城墙游览，那时这真是难得的特权，因为当时城墙上的路还高低不平，几乎不能走人，甚至有的地方在特殊的季节还会有齐脚深的浮土。

站在高高的城墙上，方可欣赏到北京宜人的风光，尤其是在一个万里无云的日子，北京四四方方的内城可以一览无余。中轴线上的紫禁城——城市的中心，因其悠久的历史更显神秘，城四周有两英里长的红墙环绕，四角都有漂亮的角楼，四面各有一门，南称午门，北称神武门，东称东华门，西称西华门。

皇城之外有一个两英里的方形广场，以前是满族人或在京官员居住区，这里也有城墙环绕。西安门是城西的出口，东安门是城东的出口，后门也称地安门是城北的出口，天安门是城南的出口，而且这四座门的东与西、南与北相对。

（裴丽珠《北京纪胜》）

新世纪，变化中的北京

1900年后，北京开始了缓慢的革新历程，特别是中华民国时期的变革备受关注。

新铺的道路改变了城市的面貌，第一次将西直门到颐和园之间的路铺成石子路，机动车可以自如穿行在公路上。北京还建立了新的交通管理制度，向百姓传授独轮车和机动车不同的行车速度等知识。当然这项工作并不难，因为，北京人向来是遵纪守法的。

前门大街在扩建广场时也遭到保守派的反对，他们不赞成维修铁路而把城墙凿空，也反对装电灯，反对移动石狮子，北京民众也担心移动石狮子会得罪神灵，于是在移动石狮子时，用蓝布将狮子的眼睛蒙上，把它们搬往新的位置。改革还包括打开关闭多年的紫禁城前的大门——中华门，同时，把旧牌匾换成中华民国的牌匾。民国政府还开放了帝国大道，在有许可证的情况下也可以参观皇宫，清朝皇宫的一部分也变成公园，如中央公园——北京的第一个公园，在这里人们可以进行娱乐活动，享受自然。

人们的另一需求是医疗，于是在平则门附近修建中央医院。另外，在先农坛附近，政府建造了一家改造犯人的监狱，监狱实行严格的管理改造措施。改革成就还包括建立了外国人监管的印钞厂、农业试验站、现代系统装备的自来水厂、市消防大队和新政府管理的工业博物馆。此馆开放可供对国内手工业感兴趣的人参观，并且这里还出售玻璃、藤、漆、五金、丝织物和刺绣，整个馆里有六百名学徒工。另一成就则是：政府成立了两所大学，其一是法学院，另一是语言学院，还建立了京师图书馆，即今日的国家图书馆，图书馆内收藏了《四库全书》及各种珍本。

政府机构办公地也都被安置在外国风格的建筑中，相比过去传统的一层中式建筑，它们省了很多空间，这些政府机构多在西长安街附近，如内阁办公室、交通部，以及石大人胡同的外交部，哈德门大街的海军军部、陆军军部，前门东的司法部，还有很多银行也都搬进外国式的建筑中办公。还要提一个，就是国会大厦，它位于顺治门的西边，国会大厦的旧址是法学院。国会开会时，允许公众参加现场辩论，这种方式是从大使馆学来的，但是你会觉得其方式有点儿不伦不类。为参会者预留的会议室会有警察把守，也会有便衣出入。参会者来自不同的领域，从事不同的职业，另外他们的穿着更是各式各样。

（裴丽珠《北京纪胜》）

黄昏，我看北京城

黄昏时分，顺着城墙往回走，景色别有一番风味，远处梅红色的山峦，在阳光的映衬下巍然屹立。太阳落山后，这些山也羞答答地藏起它们的身影。随之，紫禁城宫殿、景山、庙宇、城楼逐一地消失在夜色中。

（裴丽珠《北京纪胜》）

令人眼花缭乱的庙会

在过去，人们没有什么公园可去，唯一的消遣就是逛庙会。现在依然保留传统风格也比较热闹的北京庙会，当是隆福寺、护国寺和琉璃厂庙会。隆福寺庙会地点在东四牌楼旁边的隆福寺里，每月举行三次，每次两天，分别是阴历初九和初十、十九和二十、二十九和三十。隆福寺是明朝时修建的庙宇，它的五大殿均由喇嘛主事，清雍正时期，这里开始出现庙会以庆祝庙里的节日，从此庙会就一直持续下去，即使在 1901 年大殿被烧毁时，庙会也未中断。

庙会有各种廉价的商品。在庙门外，很多人围着一个卖小哈巴

黄昏的角楼

狗的商贩，他有很多只小狗崽，有的就像玩具狗一样可爱，它们的腿一定很柔软，舌头也应该是红红的，不少人不断地询问价格。庙里面，有的摊位卖古玩，大小不一的古玩、铜板、托盘等摆了一地。另一角是卖蟋蟀和金鱼的，装蟋蟀的笼子漂亮极了。各式各样的金鱼，有的两条尾巴，有的四条尾巴，以至于我想把它们全买下来，放在清水里。但卖鱼的商贩告诉我，这样不行，金鱼会死掉，因为它们习惯在浑浊的水中游来游去。

再往里，一群满族妇女在一个卖头饰的摊上一边挑选饰物，一边跟摊主讨价，绣着漂亮图案的头花挂在绳儿上，小风一吹犹如嫩嫩的竹叶舞动轻盈的身姿。

我随着人群来到里院，这里的摊位更多，有卖假发的，有卖婚礼用的蜡烛的，有卖梳子、带把儿的刮胡刀、绑腿用的带子的，等等。中间摊位有的卖各种蒸的食物，逛庙会的人们会驻足品尝，店主则坐在一旁收钱，铜板就竖着码放在有凹槽的托盘里。还有刻印章的、卖草药的、卖假牙的，不远处还有一个算命的。修眼镜的、剃头的、卖珠宝的也在各自的摊位上忙活着。卖布的更是让人不好拒绝，他一边展示自己的布料，一边不停地吆喝：

十个大子啊——十个，
一分不多要！
你没见过这么好的料子啊！
十个大子一尺，结实又实惠，
快买快买啊！

灯铺

到了卖玩具的摊位一看，真是佩服中国玩具制造的水平！这些玩具成本低，但和那些高成本玩具一样好玩。有上发条的玩具鹅、树枝上飞舞的蝴蝶，还有用纸、稻草、黏土、木头或羽毛做成的各式玩具……这里的玩具真可谓应有尽有，且形象逼真。

护国寺庙会是北京城第二大庙会。护国寺是建于元朝忽必烈时期的喇嘛庙，明朝时，西藏的活佛在这里居住。护国寺庙会在阴历每月的初七到初八、十七到十八、二十七到二十八举行。这里的东西基本上是百姓用的生活日用品，如扫帚、抹布、剪刀和勺子。还有堆积成小山的花生在卖，也有卖玩具和玻璃花的。通往护国寺的街两旁有很多花店，卖古树的店里有清朝年间的棕榈树，还有佛手树。

而最热闹的庙会当数琉璃厂庙会了。我们先经过灯市，因为人多拥挤，我们乘的人力车只能缓慢前行，这正好也可以让我们有更多的机会看热闹。街上几乎人人都买一盏灯笼，我们西方人一直搞不清楚中国人是怎样制出这么美的灯笼的。有的灯笼是纸质的，有的是木质的，还有丝绸的，灯笼的形状更是五花八门，有鸟、螃蟹、甲虫，还有大黄蜂，但它们有一个共同点，都需要在里面装上蜡烛才能发光。

再往里走，我们就到了卖书的摊位上，我们像寻宝一样找那些著名的碑刻拓片、卷轴画轴。我们看到一幅作品，上面画有美丽的风景：白雪覆盖的山脉、起伏的山峦、巨大峡谷中的树木、天空中飞翔的鸟，但可惜这是一幅现代画，而不是古人的作品。在一片大的空地上，有摔跤、叠罗汉、杂耍表演。待我们转到一条小路上，看见一座火神庙，这里已不再是祭祀的地方，而是一个店铺，出售珍珠、玉器和瓷器。

琉璃厂外的大街上，在一个水果摊上，有很多人在买便宜的水果——京白梨。中国人非常会储存水果，他们把紫葡萄、红苹果和柿子放到一个坛子里保鲜，这样水果可以放置一年不变质。这里还有孩子们最喜欢的冰糖葫芦，小贩肩扛插满糖葫芦的担子沿街叫卖。据说，糖葫芦是蒙古人发明的，他们把穿成串的红果挂在脖子上，骑马时会咬一口吃。琉璃厂的果脯也享有盛誉，当然，庙会还有人们最喜欢的东西——爆竹。

（裴丽珠《北京纪胜》）

令人流连忘返的古玩市场

购买古玩有两种方式：一种是在家里，另一种是去古玩市场。若在家里，商人会带着用蓝布包着的古董来家让你看，他们不厌其烦地边展示，边讲解，你可以逍遥地坐在椅子上听他白话。

然而亲自去古玩市场却别有一番乐趣。我们乘人力车在王府井大街的一个店前停下，这个店有古玩，还有一些珍奇的宝物，如欧洲手表、精美的珐琅彩瓷器、珍珠钻石手链、扳指和玉佩。这里的东西在1900年时价格还比较实惠，后来价格越来越高。可就是这样，一些新顾客也舍得花钱购买大量古玩。

琉璃厂古玩市场是前门外最著名的古玩市场。过去同一行的人喜欢扎堆做生意，比如这条街都是木匠铺，另一条街都是银匠、铜匠铺。

那时，琉璃厂古玩市场外有栅栏，以此保障店铺的安全，随着

古玩商

城市的变化，栅栏没有了。现在我们可以在城市的各个角落买到古董。如果你认为装修漂亮的店铺卖的东西最好，那你就大错特错了，通常在一个死胡同里的店铺才有好东西。我就知道有一家叫诠福斋的店铺，店里有价值三千美元的欧洲钟表，还有雍正时期的万年彩珐琅。有时候，在哈德门外的小摊上也能淘到好东西。

（裴丽珠《北京纪胜》）

我对紫禁城的测量

朱元璋建立明朝，其统治时期，北京是他帝国的一个行省的首府，叫北平府。当年大汗令人修建的都城要比明朝军镇占地面积大，故北墙南移 5 里，南墙向南移 1 里。1421 年，永乐皇帝迁都北京，将北平府改为北京，成为都城。同时也开始了对北京大规模的修建工程，天坛即是其中之一。1435 年，修建城墙时，北京的城墙都用城砖包上，最终城墙的高度是 41 英尺，墙基厚度是 60 英尺，而顶部厚度为 50 英尺。

明朝灭亡后，满族人攻入北京，重新修宫殿作为自己的都城，他们把大内作为皇帝及宫廷专用地，称为紫禁城，外围供皇族使用，称为皇城，北城供满洲八旗使用，而汉人则到南城居住。

大内的面积是 0.64 平方英里（按：译者认为他计算的面积有误），四周有垛墙，垛墙长 2.25 英里，高 22 英尺，厚 30 英尺。墙表面被漆成紫色，由此得名紫禁城，紫禁城的四周还有宽 200 英尺的筒子河。

（甘博《北京的社会调查》）

北京城的道路

北京城里有专供帝王出行的大道，这些大道宽 100 英尺，实际上它们是三条并在一起的路，中间的车道被留作专用车道，而那些城市主力的运输车辆必须靠两侧行驶。在过去，人们几乎不怎么保养路面，因此只有中间的车道路况较好。即使是皇帝专用的御道上大部分地段也有车辙印，坑坑洼洼，积满尘土。一些到过北京的游客有时会抱怨说：“北京的路面，冬天尘土得有 18 ~ 36 英寸（注：1 英寸约等于 2.5 厘米）厚。夏天雨季，就成了泥潭，时常会有马车、骡车陷进去……”

因为皇宫及朝廷衙门大多在北城，故北京城里 100 英尺宽的路多集中在北城，北城的九座门都与这些大道相通，另外北城还有贯穿南北、东西的四条干道，可是南城只有两条干道。

（甘博《北京的社会调查》）

雨后北京的胡同

在北京看电影

平安电影院是北京六家电影院中最豪华的一家，它是英国人开的，位于东长安街，主要为外国人服务，但也有很多中国人来此观看电影。影院营业时间是每晚 9 点 15 分至 12 点及每星期三、六的下午，门票从 60 分到 1.5 元不等，上座约 200 人。

位于前门大栅栏的大观楼，每晚 8 点 30 分至 12 点营业，票价分为 12、24、50、80 个铜板四种。剧院每天盈利 50 ~ 70 元。

“新世界”

位于哈德门外的观星园内的华安电影厅票价是：每人 6 ~ 8 个铜板。

先农坛的城南游艺园和“新世界”也放电影。城南游艺园在夏天是露天电影，“新世界”夏天则在楼顶平台上放电影，这两处的电影费用全包含在门票中，不需另付费。

（甘博《北京的社会调查》）

第二辑

旧日光斑　南城留痕

这里首先从中轴线的南端走起：

您会看到十一位作者用三十六个文段描画出的中轴线上北京南城的万象：巍峨壮观的北京南大门——永定门，人类奇观——天坛，皇帝躬耕之地——先农坛，以及当时极糟烂不堪的天桥。

天坛斋宫　张维志绘

车过永定门，向北，我们开始了朝拜之旅

铁路工地

16 日，英国人正在修一条从城墙通向天坛前门的铁路，上万的中国劳工在铺垫铁轨的斜坡。其中有两个劳工抬着土筐，往斜坡处倒土，他们每天干这种活儿很辛苦。这条铁路要通向老车站就得经过一片乱岗坟地，好多劳工都在费力地搬移地下埋着的各种材质的棺材。有些已经朽烂的棺材里的尸骨则被装入篮子里贴上标签，统一埋进一条长长的深坑里。中国人是非常敬畏他们的祖先的，每年都要去上坟祭拜，现在外国人修这条铁路竟然经过这片墓地，这对他们来说，无疑是极为痛心的。

（萨拉·康格《北京信札》）

挖开城墙修建铁路

雄伟壮丽的永定门城楼

前门外的永定门位于城市的外城南面城墙的中央，是从前门大街一直延伸下来的终点，也是外城最大、最重要的城门。这条大街两旁有很多本土商店，天坛和先农坛围墙位于南段的东侧与西侧。人们从远处就可以望见永定门，而且永定门那高大的躯体和整修完好的城楼也给人一种雄伟壮丽的印象。关于城楼的外观和装饰，读者可以从本书的一幅彩图中看到——不过，这幅图只表现了北京城门的美好，而没有体现北京沙尘的肆虐，一旦刮起北风，这些美好的城门就会在弥漫的沙尘中变成迷迷茫茫的一片，让你看不到它们的美好。

（喜龙仁《北京的城墙和城门》）

永定门

永定门前的街市

瓮城风景

瓮城内的景色很宜人，树木成林，店铺成列。如前面永定门一样，这里的运输大军可谓多样：有挑着筐的农夫，也有骆驼队、人力车、手推车，还有往南运军用物资的运输队，熙熙攘攘，川流不息……人们有时在城里或城外的小吃店吃点儿东西，然后，沿着宽阔的石桥分别向东或向西而行。桥上总是满满的生活气息，在桥前长长的街道两侧，老店铺排列有序，构成与这繁华场面非常相称的城市景观。毋庸置疑，这里是忙碌热闹城市生活的缩影，可是一步之遥的城外生活将是一片安静，这安静一直延伸到远处的郊野。

（喜龙仁《北京的城墙和城门》）

观赏永定门的风光

永定门之大美风光，你只能站在它西侧的城墙顶上静静地观赏，才能领略得到，从这个方向望过去，所有建筑皆一览无余。在宽阔的护城河旁边，垂柳依依，芦苇挺立。在艳阳的照耀下，那些带有弧形的大墙和城楼，突兀高耸，凸显黑色的轮廓。远远望去，直直的城墙轮廓线与半圆形的瓮城轮廓线一直延续到门楼。在雄伟的城墙和城台之上，门楼上那如同鸟翼的飞檐，像是让门楼直插云霄。在清澈的护城河水中，城墙及建筑的倒影如同实物一样清晰。可是，当微风吹过柔软的柳枝时，水中的垛墙随之开始晃动并崩裂，而飞檐也开始颤动……

然而眼前这一切还能持续多久呢？这些漂亮无比的城墙和城门，这些记录多彩北京的并不开口说话的承载者，它们会永远保留其美妙的身姿吗？面对眼前的情景，我脑海中不由闪现出这些问题。

（喜龙仁《北京的城墙和城门》）

“帽子城”——外城

北京——中国的伟大京城，不仅包括“内城”，还包括与“内城”南面相接的“外城”。“外城”是清朝入关后，把大部分土著居民从“内城”迁往郊区，特别是南郊（那时外城墙已经建好），而形成的一片区域，人们把这一区域称为“外城”或“帽子城”，叫“帽

永定门

永定门内雪景

子城”是因为其位置和形状像一顶帽子。

喧闹的集市、巨大的庙坛和广阔的田地是外城的主要部分，外城只有北半部分才能给人一点儿城市的感觉。从内城南三门，即中间的正阳门、东面的崇文门、西边的宣武门笔直延伸到外城有三条通衢，忙忙碌碌的人们穿梭其间，这一地带的现代商业街也是喧嚣不止，沸沸扬扬。

但是，如果稍往南走过大约一半的路，会清静许多，特别是顺着天坛和先农坛的围墙之间的路向南慢慢行走，穿过熙熙攘攘的商业街，便到了环境幽静的乡间。如果继续往西南或东南而行，住家越来越少，也越来越空旷。外城的建筑多是不起眼的房子，而且只占外城面积的三分之一。人们不禁要问：为什么要把外城南墙修在这么偏远的地方？唯一合理的解释似乎是：因为天坛和先农坛的祭祀区在此地，只有把南城墙修在这里，才能把天坛和先农坛归在北京城范围里。

（喜龙仁《北京的城墙和城门》）

天坛，人类的奇观

这是祭拜天神的圣地

皇家的寺庙和园林不对公众开放，因此这里没有什么可游览的地方。一位外国宗教学者就没有机会进入天坛。天坛目前有世界上最古老的祭祀礼仪，从天上看到的人工建筑没有一个像它这样宏伟壮丽，大片闪亮的汉白玉从祭坛四周层层向上，通向一个环形的平台，它以苍穹为顶，祭拜主宰宇宙的天神。大清皇帝是祭司，在这里祈求上天赐福于他的臣民。在祭拜仪式上，皇帝要献上一头公牛来感谢上苍赋予他神圣的权力。据说这个礼仪在中国已有四千年的历史了。

著名的英国传教士理雅格博士说，在登上天坛石阶之前能听到轻微的声音，若你细听，会理解为："脱鞋，这是圣地。"但英国公使馆的大学生却不是很虔诚，他们常常在天坛的小树林里玩板球。

同样有一个地方也不能参观了，那就是先农坛。先农坛是皇帝祭祀神农的地方，神农教会了人们耕地谋生，每年皇帝会像农民一样在这里扶犁耕地，以示对农耕的崇敬。根据中国的理念、信条，在皇城的另一端还有一个地坛，地坛与天坛不一样，它是一座方形建筑。

（丁韪良《花甲忆记》）

汉白玉砌成的圆形祭坛

北京的外城有两座神圣的皇家寺庙，其中之一就是天坛，它有一个用精美汉白玉砌成的圆形祭坛，坛基中央的天穹，其圆屋顶是蔚蓝色。皇帝每年会在这里举行仪式，每年的冬至会用一整头牛作

祭坛上的牛

为祭品来献给天地间的最高统治者——皇天上帝，祈求苍天保佑君主统治，国家平安，江山太平。

（丁韪良《中国觉醒》）

我曾经有幸周游天坛

有一天，我们坐车去天坛，街上尘土飞扬，但依然可见形形色色的人，有推着手推车的、拉着人力车的，还有拉车的牲畜——马、驴等，也有瘦高的印度人、面色桃红的德国人、穿红裤子的法国人和戴着插着羽毛帽子的意大利士兵。

我们一路颠簸终于来到绿树环绕的天坛公园，之后来到汉白玉的圜丘。这里的气氛让人感到纯洁和庄严。接着我们来到斋宫，现在这里是存放粮食的库房，而以前这里是皇帝举行祭天仪式前斋戒的宫殿。祭天那一天的天亮前，皇帝会在仪仗队的引领下，来到圜丘为他的子民祈福。

天坛是皇家园林，只有皇亲国戚才有资格进入。在离圜丘不远的地方还有一个大殿，供奉着皇家的先人。我有个朋友告诉我，他已经在北京待了三十多年，都没有获得参观天坛的特允许可。

整个圜丘都是汉白玉材质的，雕刻着龙的图案，三层台阶，每一层台阶都是九级，平台的铺砖从九个方向聚到同心圆——天心石，皇帝祭拜时就站在这天心石上。皇帝需要在黎明前独自跪在这里，为他的四亿子民赎罪，他的灵魂一定是升腾到天空了。现在当朝的光绪皇帝也一定继承了他祖上的这一优良传统，来这里站岗值班。

印度士兵让我们沿着西边往前走，到祈年殿去。祈年殿是一座三层的尖顶大殿，因为刚刚修缮过，显得格外耀眼，大殿的琉璃瓦是蓝色和金色的。

（立德夫人《我的北京花园》）

天坛上青烟升腾

我们再次去天坛看皇帝祭天时，皇帝一行已经离开天坛。好在祭坛上的东西还没有撤掉，祭坛上还有淡淡的青烟在升腾。我们踏着为皇帝祭祀铺的棕毡，走上汉白玉台阶，来到圜丘最上层，上面有天青色的幄帐，五个汉白玉的石台，一个上面插着香，两个摆放了蜡烛，另外两个上面摆着花。坛中央有一个宝座，宝座上有两个方形靠垫，宝座周围有八把椅子，旁边的一个箱子里装着刚用过的供奉先祖牌位的底座。祭坛上边摆放着两个祭祀用的牲头。

（立德夫人《我的北京花园》）

我们不同寻常地走进了天坛

天坛是北京城最庄严、宏伟的建筑之一，围墙周长六千米多。它里面的建筑体现了中国古代的建筑理念，那道门在以前一般人是不能跨越的，如今却是一反常态的情景。我们走进一片古老的树林，一条条的小路被两旁的苍松和翠柏遮盖，让人有一种肃穆感。然而今天，入侵者的铁骑践踏了这里的寂静。英国人派来的几千名印度兵驻扎在此，他们的铁骑肆意在这糟蹋，草坪里到处是乱草、青苔和马粪。一些英国兵还在供奉祭品的大理石上胡乱糟蹋，甚至在大理石上烧烤畜肉。

祈年殿维修

有一座建筑高出四周，远处可见蓝色的琉璃圆顶上的金球闪闪发光。我们猜测那就是我们要参观的建筑，于是朝着那个方向走过去。它的四周没有士兵，我们也没有见到马匹，一派安静的气氛。

汉白玉的高台上有一座大殿，要到达大殿需经过一段台阶，或是皇帝专用的御道。所谓御道，就是一条用汉白玉铺成的缓坡，坡面有五爪龙的浮雕，那些龙鳞、龙爪的地方应该是皇帝行走用的，这条御道过去只有皇帝才能踏足。而今天，入侵者的皮鞋居然踩在这精致的龙身上。

金光闪闪的蓝色琉璃瓦圆顶大殿是重新修建的，旧的毁于十年前的一场大火。祭坛上没有任何东西，大殿里也是空空如也，这应该是被入侵者洗劫一空的吧？留在大殿里的只有大理石的地面和漂亮的藻井。

（洛蒂《在北京最后的日子》）（1900 年 10 月 19 日星期五）

天坛，独一无二

前门大街的尽头就是天坛，说起来，不论它的历史还是工艺，在中国都是独一无二的。

天坛建于明永乐十八年（1420），与修建外城城墙同期。自建坛到乾隆十九年（1754）天坛只重修过一次。整个天坛周长约为 3.5 英里，它分为内坛和外坛。外坛有两座门，都在西边；内坛有六座门，南北各一座，东西各两座。内坛还被一堵东西方向的墙分成两部分。外坛只有些古柏树，很多树最近被砍伐了。西边的两排房子以前是乐师居住和存放供品的地方，民国后已改成无线电发射台和中央防疫处。著名的北京龙须菜和益母草就长在这里。

从西侧门北门进入内坛，南边就是斋宫，斋宫四周有护城河，通向大殿的桥、栏杆、台阶都是汉白玉材质。祭拜前，皇帝在这里沐浴更衣，斋戒一宿，为第二天的祭拜做准备。

从这里向南，走过一座东西向的院墙门，再向东南走一段路，就到了圜丘或南坛。这个坛有两层墙，内墙是圆形，外墙是方形，其寓意是“天圆地方”。两座院墙的四周都有三门棂星门。内院的南门和外院的南棂星门之间的石子路上设有插旗杆的石礅，皇帝祭拜用的祭棚也搭建在此区域。

（阿灵顿《古都旧景》）

圜丘坛上的数字

圜丘是个三层大理石的祭台，由上而下的三个祭台分别象征天、地、人。上层周长约 90 英尺，中层周长 150 英尺，下层周长 210 英尺，是 3 乘 3、3 乘 5、3 乘 7 得出来的。这里的数字全是奇数，因为根据中国的风水理论，奇数象征天，偶数象征地。

最上层的中心是块圆形大理石，它的外圈环绕着 9 块大理石，再向外一圈是 18 块大理石，再外一圈是 27 块大理石，直到最外的第九圈是 81 块大理石，81 对于中国人来说是吉利数。中层从最里圈的 90 块大理石增加到最外圈的 162 块，即 81 的 2 倍；下层从最里圈的 171 块大理石增加到最外圈的 243 块，即 81 的 3 倍。

圜丘白色的汉白玉栏杆上刻着云纹，每层都有栏杆。上层有拱柱 72 根，即 9 的 8 倍；中层有拱柱 108 根，即 9 的 12 倍；下层有拱柱 180 根，即 9 的 20 倍。三层共有拱柱 360 根，正好是一个圆的角度数，每层之间的台阶也是 9 级。四方有通向中心台的三阶台阶，且每阶都有 9 级。过去在这三层祭台上都有一些巨大的汉白玉石柱，

天心石

上面有孔洞，绳子穿过孔洞就可以搭起祭祀的棚子。现在，我们在行人道上还可以看到这些搭棚用的圆洞。

（阿灵顿《古都旧景》）

燔柴炉

院子的东南角有八个用于祭祀结束后焚烧祝帛、祭文的燎炉。另外还有一个绿色琉璃瓦的巨大燔柴炉，高九英尺，周长二十一英尺。祭祀的牛被抬上燔柴炉，置于铁架子上，然后点燃下面的松木烧之。

以前西南角有三根柱子，上面挂着巨大的灯。皇帝在斋宫过夜的晚上，就点上许多根蜡烛照明。专门有一个执事的人负责看护里面的蜡烛，若有一根蜡烛灭了，他就会受到严厉惩罚。因为，蜡烛熄灭被认为是极可怕的凶兆。

矮墙外的东边是存放祭器的仓库和宰牲亭。

经北门，我们来到皇穹宇，它是一个八边形建筑，屋顶是浅绿色，屋顶尖是蓝色，里面存放着用满、汉文写的天神和历代帝王的灵牌。

（阿灵顿《古都旧景》）

它叫“祈年殿”不是“天坛”

穿过内坛成贞门，走过一段高出地基保护完好的大理石路，我们来到了三重圆檐的祈年殿。它高约九十英尺，建在一个大理石台上，屋顶是蓝色琉璃瓦，上冠铜制鎏金圆宝顶，其宏伟的气势、完美的结构、绝妙的色彩成为公园里景色之最。因此，很多外国人常误以为它就是人们口里所说的“天坛”。事实上，中国人并不这么认为，它和祭天根本没有关系，它又叫祈谷坛，在这里中国人只求风调雨顺、五谷丰登。

我们见到的祈年殿是新修的，旧的祈年殿在光绪十五年（1889）遭雷击被完全烧毁，人们觉得这是凶兆，中国人总是将光绪王朝的灾难和这件事联系在一起，因为光绪皇帝在这一年独立亲政。后来朝廷花了将近十年时间耗资约两千万两白银才将它修好。祈年殿正北边是皇乾殿，里面供着天神和历代帝王的灵牌。

从这个院落东门起，蜿蜒排列着七十二间房子，每间十英尺长，这条由七十二间房屋组成的通道通向另一个存放祭品的地方，它还可以起到遮风蔽雨的作用。

长通道南侧的空地上陈列着七块形状怪异的石头，名曰七星石，传说它们从天而降。但实际上它们不是陨石，也许就是建天坛时用剩下的普通石头而已。

（阿灵顿《古都旧景》）

皇帝来祭天

天坛祭祀可谓是中国古代政治活动的大事，不但具有深刻的含义，而且有一套复杂的程序。

冬至前一天，皇帝就乘坐皇辇来到这里，随同的有两千多人，皇亲国戚、文臣武将从西侧两个门中靠北的那个门进到外坛，然后一直走到内坛的南门。皇帝在这里下辇，步行到皇穹宇烧香磕头，之后巡视一下四周以确保次日的祭奠准备工作无误，再乘皇辇来到斋宫。他要在这里斋戒、反思，皇帝会目不转睛地盯着一座真人大小的铜人像（据说这是明朝一位太监的肉身），请求他的灵魂把皇帝的祈祷转达皇天上帝。

次日，天亮前两个小时，负责祭奠的官员宣布一切就绪。皇帝穿上祭祀的紫色丝袍，戴上黑色缎帽，穿上蓝色缎靴，乘皇辇到内坛的南门，在特制的黄色祭棚下等候。当所有的灵牌都被移到这里时，皇帝从南边的台阶上走到祭台，面朝北而立，随之编钟乐声响起，祭祀正式开始。当每个人都在自己的位置站好后，皇帝走到祭坛的最高层，站在他的位置上，面对着天神和历代帝王的灵牌，跪

天坛之圜丘坛

北京天坛祈年殿旧影

在灵牌前九拜，献上祭品。祭奠过程分为三部分，每一部分结束后，皇帝都要回到中层他原来的位置。祭祀结束后，那块象征天的圆圆的蓝色宝石，被一顶特殊的轿子运回皇穹宇。皇帝观看焚烧各种祭品后回到祭棚中，当所有的灵牌都被安放回原处后，皇帝上辇，从原路回到斋宫。

清朝灭亡后，这个有几百年历史、从未间断过的重要仪式也画上了句号。袁世凯任总统期间也曾试图恢复这个祭天仪式，但未得逞。国民党掌权后，他们认为建立新的国家宗教极为重要，于是他们开始祭拜孙中山，这样一来，孙中山先生的生日和祭日的官方祭拜活动就取替了古老的天坛祭祀活动。

（阿灵顿《古都旧景》）

天坛经历磨难

天坛也经历了磨难，1900 年，英国军队曾驻扎在那里。北京至天津铁路的界石也被放在天坛西门，到 1902 年才被移回原址。1917 年，张勋将军企图恢复清王朝，他的部队也驻扎于天坛内，还在这里打了最后一仗。之后，外坛被用作各级政府和机构的办公场所，中国部队也不断驻扎在这里。照这样发展下去，所有的宫殿将被夷为平地，或者被改为游泳池、体育场及什么实用性机构的办公地。我看这只是时间早晚的问题了。

（阿灵顿《古都旧景》）

光绪皇帝出行前门大街

每年两次即冬至、夏至，皇帝都要从皇宫（紫禁城）前往天坛祭天。祭天队伍就成了北京城里一道特别的风景。千百年以来，皇帝到天坛祭天的路线都一样，即出北京内城的南大门——前门，然后沿大街一直向南。这条大街可以说是全世界路况最糟糕的大道，路面上皆是车轮轧过后留下的深沟，里面还时常积满泥沙。皇帝去天坛祭天时，平民百姓不得随意观看。沿街的住户、店铺都要关闭门窗，临街道口要挡上蓝色的帷幕，以此来阻止那些胆大的人和外国人观看。按中国规矩，一般人不能看到皇帝的“龙颜”。

1903 年春天，我们在离前门不远的一家店铺里有幸“偷窥”到这壮观的场景。这家店铺是经历过 1900 年那场战争后新修的比较现代化的建筑。它在传统的纸窗户的中间镶嵌了一小块玻璃，我们正好可以透过这块玻璃往外窥视。其间，店主人不停地警告，示意我们千万不要出声，还不停地用手在自己喉咙上从左到右比画，意思是：一旦被发现，就要被杀头。

我们看到前门正中的大门（皇帝专用）缓缓打开了，大门外的汉白玉的石桥（以前是洁白洁白的，现已褪色）和栏杆已被清洗干净。临街的店铺已关门，乞丐也全被轰走。

经过漫长难挨的等待，突然，大街上传来一连串的呵斥声，当班的警察用手里的皮鞭驱散行人，把他们赶到街道两侧的蓝帷幕后面。路上赶骡子的人也连忙抽打温驯的牲口，躲进离自己最近的小巷。大家都怕被扣上冒犯皇帝的罪名，招来杀身之祸。

嘈杂声及粗暴的呵斥声持续了很久，突然万籁俱寂，皇帝的先导仪仗进入我们的视线，队伍越来越长，各种颜色让我们看得眼花缭乱。太监们排着整齐的队伍，手里端着装满佳酿的酒瓶和各色供品的托盘；随从穿着深红色长袍，手里举着长长的华杆，杆顶是装饰着流苏的伞盖；跟在后面的是皇家骑兵侍卫，他们个个手持弓箭；再后面是一些官军高举着绣着龙图案的旗帜。这支队伍过去后，有个空当，一个人举着黄色的权杖奔跑出来，嘴里不停喊着：“磕头！磕头！跪下！跪下！”这个人身后，一位官员打扮的人举着皇权专用的黄丝绸伞盖，他身后还有两个人，一边走一边焚香。然后光绪皇帝的肩舆出现了，肩舆上有各种明黄色的饰物，皇帝身着亮蓝色的丝绸龙袍，头戴貂皮帽。轿夫共有三十二名，十六名在前，十六名在后。他们都穿着类似粉色的丝绸长袍，戴着镶嵌了一圈豹皮的老式帽子。骑着高头大马的醇亲王跟在皇帝肩舆的后面，他是皇帝的兄弟，就是1900年奉命前往柏林为克林德的死向德国政府道歉的那位亲王。再后面是由六匹装备了明黄色鞍鞯的马组成的马队。皇帝在这支队伍的护送下，前往神圣的天坛内的斋宫，在那里斋戒、静坐，让自己的内心净化，以表示对上天的敬畏之情。

祭天队伍刚离开，躲在各处的人们就都冒了出来，重新活跃在大街上。不足五分钟，做买卖的摊子、棚子又都支了起来，街上又恢复了原样。

（苏珊·汤丽《我的中国笔记》）

由午门到天坛

皇帝每年冬至都要到天坛祭天，祭奠的前一天皇帝乘前后各十六人抬的龙辇，由午门行至天坛。祭祀队伍浩浩荡荡，有身着华丽衣服、带着祭祀用品的太监，行走在轿辇左右的大内侍卫，还有着盛装的吹鼓手、护旗手及穿黄马褂的皇家骑兵卫队。队伍从只有皇帝才能使用的正门即前门出来，走过美丽的汉白玉天桥。当皇帝来天坛的时候，此前聚在前门外的小摊和乞丐都被清理，街道也被打扫干净，马车道要用黄土铺路。

（裴丽珠《北京纪胜》）

天坛曾杂乱不堪

这时期，天坛对外国人时开时关，持续了好几年。关闭是因为外国人的不礼貌行为，例如有人故意损坏大理石平台，在19世纪80年代，还有几个外国人骑自行车从一堵破墙进入天坛。1900年，外国部队强行进驻天坛，军官都住进了斋宫。这之后几十年间，天坛被弄得杂乱不堪，公园的一角还成为外国人的马球场。不幸的是民国时期，中国人将天坛一部分变成农业局的一个农业站。到袁世凯时期，天坛对民众开放三天——这是百姓第一次可以踏进这个皇帝祭天的地方。但更不幸的是，1917年，张勋率部队驻扎此地，这个地方也成为他与民国军队的战场。张勋军队瓦解后，天坛迎来一次大规模的修复。现在虽有当时建兵营竖起的天线杆，但参天的大树、吃草的牛群、芬芳的野草还是让人感到十分的舒适。

（裴丽珠《北京纪胜》）

我给天坛的巡逻兵拍了照

我对香华说了我的亲历，上次我去天坛，那里驻扎着吴佩孚的士兵，有两个士兵一直跟在我身后，我就问他们："为什么天坛里有很多外国人，而很少见中国人呢？"其中一个士兵回答："你会中文，你以为你就了解中国了？你没看见这里足有一个营的兵力吗？"我不解又追问："这有什么关系吗？"他说："当然了，老百姓是怕我们这些当兵的，告诉你，我是不会伤及无辜的，当然我的头儿也不会；但是，有些士兵就说不准了，他们会在园内比较偏僻的地方骚扰游客，甚至抢劫他们的钱财。"

士兵们在公园里巡逻与天坛的神圣氛围太不协调了，我问跟着我的一个士兵："你倚着白色的栏杆，让我给你拍个照行吗？"他干脆地回答："即使你给我钱也不行。"我又说："那我就光拍你，不用倚着栏杆行吗？当我回国后，就可以对着照片回忆起我见过的中国士兵了。"听了此话，那士兵说："那你得发誓把照片寄给我。"我递给他一个信封，让他在背面写上他的名字、部队番号和邮寄地址。他歪歪扭扭写下了自己的名字和通信地址，然后拉上同伴，倚靠着圜丘的白栏杆让我拍照。后来我兑现了我的承诺，不但给他寄了照片，还给他的同伴也寄了一张。

（谢福芸《中国淑女》）

祈年殿与圜丘，人类奇观

站在山顶上，我们可以看到远处的祈年殿，它那彩色穹顶矗立在一片松柏林之中，高于另一个建筑——天坛圜丘。圜丘由大理石砌成的三个同心圆组成，祈年殿和圜丘被公认为是人类创造的奇迹之一。的确，人们通过选材并将这些材料发挥到极致，以传达出一种精神。米白色的高台仰天而卧，像大地的胸脯上一颗熠熠生辉的珍珠，通过这纯洁的身躯，有形和无形事物有了对话的媒介。

谈及天坛的祈年殿和圜丘，西方人都会充满敬畏，但似乎很少见中国人流露出这种敬畏的表情。在我看来，祈年殿穹顶的那种蓝像极了夜空的蓝，深邃得能降服一个人的灵魂。穹顶中央的金顶充满神秘的色彩，变化无穷，飘忽不定，它象征着自然界的基本元素，像是要把土的元素升起，使其升高至天空纯净的火中。

（谢福芸《中国淑女》）

祈年殿

先农坛，皇帝躬耕及其他

祭拜神农的先农坛

离天坛不远处的先农坛，是用来纪念第一位耕种土地的男子的。他没有具体的姓名，只有个称呼——“神农”，意思是神圣的农民，即男性的谷神“克瑞斯”。因此，我们是不是也可以将先农坛称为该位神人的圣殿呢？每年春分时节，皇帝会来到这里，并亲自犁下几垄地，以表示对农业的敬意。皇帝这样做的目的很明显，就是鼓励和安抚他的臣民及辛勤劳作的农民。

还有一座为祭奠大地母亲（大地神）而建的寺庙，它没有被建在城里，而是建在内城的北面，祭拜地神以求永葆江山和谐稳定。它是一座方形的祭坛，源于中国人对地球的理解——天圆地方的概念，而且这个概念在中国启蒙教材中是首要内容。

（丁韪良《中国觉醒》）

先农坛，美军升国旗

12 月 8 日，我们受邀到美国军队驻扎的先农坛看他们的升旗仪式。步兵在东边的一个大理石祭台前，骑兵在南边，炮兵在西边，北边是指挥官。中午 12 点，乐队奏响美国星条旗乐曲，每个士兵都脱帽立正。然后，旗手升起国旗，当最后一个音符结束时，国旗正好升至旗杆顶。

（萨拉·康格《北京信札》）

先农坛，皇帝躬耕大典

先农坛位于天坛的西边，建于明嘉靖年间，乾隆年间重修。我认为中国人称这里是先农坛有些用词不当，因为这里供奉了几尊神像，有四个不同的祭台。

先农坛的围墙周长约两英里，里面有许多高大的古柏，但是这些古柏排列得很不整齐。过去皇帝到这里举行春耕大典，以示勤劳、努力。祭奠时，旁边放着皇帝春耕大典时用的各种特殊农具，若他有特殊原因不能亲自来参加大典，这些农具就不能碰。祭奠时，用稻米和其他四种谷物，皇帝要亲自播下稻种，他用的春耕器具都是黄色的，甚至牛也要用黄色的。皇帝要从东向西犁八垄地。户部尚书在他的右边，手里拿着赶牛的鞭子，左边是军机大臣，手里拿着种子盒。王公大臣都要犁十八垄地，最后由一些老农来收尾。秋收时，这些用大典中的种子收获的粮食必须要供在一个特别的谷仓里，它们只能作祭祀用。

从东边靠南的门进入先农坛，右边就是庆成宫，是皇后在皇帝

先农坛观耕台上

春耕后向他庆贺的地方。再向西，穿过墙门，就是一组存放祭品的宫殿。正前方西侧，有一个50英尺的正方形石台，名曰观耕台，乃皇帝观看耕作的地方。它的北面是具服殿，在这里，皇帝在祭乐的伴奏声中，更换祭祀的衣袍。

西北边靠近内坛的就是先农坛，纪念传说中发明农耕的神农。先农坛正北是一组建筑，北屋是天、地、山、河神的供牌，东屋是存放祭品的祭器库，西屋是存放祭祀动物的神厨。院中有两个带亭子的井，祭祀用的酒就是用这口井里的水酿制而成的。

（阿灵顿《古都旧景》）

太岁坛的祭祀及其他

如果不祭拜“太岁”，这个祭拜活动就不算完整。“太岁”是古代民间对木星的一个别称，木星每十二年围绕太阳转一圈，中国人用十二个“地支”和十个“天干”组成的六十花甲来推算历法。先农坛东北的一个单独院子就是太岁坛。院中有许多建筑，东南角是一个大炉子，用于炖煮宰杀的祭祀用的动物，祭拜太岁的仪式是在每年的倒数第二天和一年中第一个十天中的某一吉日。

从南门穿过内坛，是两个并列的祭坛，东边为天神坛，西边为地祇坛。天神坛供着四个精致的大理石牌位，从东至西依次是风神、云神、雨神和雷神。地祇坛供着五个石质牌位，三个上面刻有山形起伏纹，祭五岳、五镇、五山；两个刻有水波纹的祭祀四海、四渎

先农坛太岁殿

之祇。天神坛和地祇坛祭奠仪式在仲夏的同一天举行，故这里又名山川坛，中国人对自然物的祭奠历史悠久，可追溯到周朝。

多么美丽辉煌的先农坛啊！过去不曾被兵营占用的建筑，现在已成为警察局和其他公共机构的驻地，不对外开放了。北墙被拆除了，院中大部分古柏也被砍伐了。内坛的北半部已变成公园——城南公园。

距先农坛西约1.5英里、与先农坛南墙并列的地方有一组建筑，就是陶然亭。这个名字可以追溯到宋朝。过去这里名为慈悲庵，康熙时在这里修建了一座会友娱乐的亭子，原来的名字渐渐地被人遗忘，大家都称它为“陶然亭”了。

陶然亭北侧非常近的地方有一个小山丘，上面有一间小房子，

城南公园正门

房子西北角有两座很小的深灰色墓碑，据说这里就是乾隆深爱的香妃之墓。

（阿灵顿《古都旧景》）

先农坛曾是美国军营

中国几千年善于耕种的特征在先农坛得以充分展现。先农坛位于天坛的对面，占地 320 英亩（注：1 英亩约等于 0.004 平方千米），有 4 个大祭坛和一些殿宇。先农坛是祭奠天神、地神、太岁和神农的地方。1900 年八国联军侵华时，这里是美国的军营。

先农坛有几块小的土地，其中一块是皇帝耕种的地方，上面标有“京兆尹”字样。

（何德兰《晚清宫廷》）

先农坛北部“城南游艺园”

先农坛占地 2 平方英里（按：译者认为占地 2 平方英里，有计算错误），市民只需花 10 分购票就可以入园，先农坛内有古老的寺庙、古树，还有陈列青铜器及古董的博物馆。

先农坛的北角有一大片平房，这是娱乐的场所。鉴于旁边的“新世界”收入甚好，1918 年，这里也开办了娱乐场并开始营业，这个娱乐场主要是播放电影，上演地方戏，里面有多家餐厅。娱乐场每天上午 11 点营业，晚上 11 点歇业，门票 30 分。出入这个公园的多为学生、商人、公司职员，而普通市民极少光顾此地。

（甘博《北京的社会调查 》）

龙泉寺的孤儿院

南城也有一座孤儿院，紧挨着龙泉寺。龙泉寺是一座寺庙，孤儿院由寺庙的僧人管理。孤儿院一共收养了250名男孩，均是父母双亡，或只有母亲活着，无力养活他们的。这个孤儿院只收留12岁以下的男孩子，还必须得有某个店铺或孩子家的亲戚为其品行做担保。孩子一旦被收留，可以在孤儿院生活到19岁。这些孩子在孤儿院里要干一些活儿，所有的孩子都要接受教育和工艺训练，每天还要用一个小时的时间听宗教相关的讲学。住宿条件是：每一个三间房的大屋子（12英尺 ×30英尺）里住18个人，他们睡在一铺大土炕上，炕从房间的一头通到另一头。孤儿院供一日三餐。

（甘博《北京的社会调查》）

简述先农坛

先农坛以前是皇帝祭拜神农的地方，皇帝在每年春天初始日，来这里祭拜，亲自耕种第一垄地。随着民国的建立，这里的祭坛已被废，寺庙变成了大公园，北面靠围墙的区域还建了娱乐中心。

（甘博《北京的社会调查》）

天桥，贫苦糟烂不忍顾，也曾变幻出新奇

天桥的“桥”，曾是如此可怖

今天我应法国公使的邀请去游览天坛。我们沿一条大道走了半个小时，来到一座汉白玉的拱桥。桥下满是垃圾，还能见到腐烂的尸体，臭味难闻。河对岸已成一片荒原。据说这里曾叫“乞丐桥”，在联军攻破北京城之前，桥上会有很多乞丐站在桥两边，向过往的行人索要钱财，有时，他们甚至会持棍棒抢劫。他们还有个帮派名字叫“丐帮”，会推举出帮主主事。现在，这些人已经跑得无影无踪了。

穿过这座桥，是一条两千米长灰蒙蒙、空旷荒凉的路，这条笔直的路一直通向外城的城门。一队队骆驼商队从城门出入，那黑色城楼下的城门使人感到遥不可及，我不禁想：“为什么北京城里会有这么一片荒漠地带呢？”这里不见人迹，偶尔可见几条野狗，有的嘴里还叼着裹着破衣烂衫的死尸。

（洛蒂《在北京最后的日子》）（1900 年 10 月 19 日星期五）

天桥北边的“金鱼池”

北京的另一特色宠物是金鱼。它们的尾鳍有的是两片，有的是三片，这些鱼有金、银两色，皆长着向外凸的眼睛。天坛北墙后的一片田里，有很多养金鱼的池塘，还有装满金鱼的五十口大缸，有些金鱼可供游人观赏或购买。

观赏金鱼非常有意思，特别是观看小金鱼，别有一番风味。对我来说，金鱼是怎样被培养成这种色彩斑斓奇特体形的，一直是个不解之谜。

（立德夫人《我的北京花园》）

天桥上

天桥和它附近的楼房

皇帝下令禁止在内城开娱乐场所，所以天桥附近的娱乐场所就是官员、富商的选择。不久，天桥附近盖起了漂亮的楼房，精致华丽至极，以至于我觉得应该把它用玻璃罩起来，防止灰尘破坏了它的美丽。天桥位于前门外，汉白玉结构，最近刚刚修好，人们可以经它到天坛，它的底下是一条很臭的河。天桥上以前总聚集一些乞丐，于是人们就把这座桥与偷盗、乞讨、犯罪联系在一起，也正因如此，如果对一个中国人说“去天桥”，那就是对他最大的侮辱。

（裴丽珠《北京纪胜》）

天桥的旧货市场

为了给这些来娱乐场所消遣的人提供方便，天桥附近还建起了一些小旅店、药店和澡堂子，于是这里就形成一个小规模的娱乐中心。我真想不明白，为什么这个娱乐中心开在与贫民窟只有一步之遥的地方，况且天桥附近还有贼市。

跳蚤市场也在附近，在这些市场上，人们买卖各种旧货，什么旧瓶子、门把手、旧钉子、旧衣服，甚至紧身衣、晚礼服也有卖的。我不禁想起古伯察描写的一个小旅馆：住店的房客偷了店里的被子。后来老板设计并缝制了一床与地板一样大的被子，被头上留几个洞，房客睡觉时把头从洞里伸出来……被子由绳索控制，晚上放下来，白天升上去，升降时店伙计敲锣警示。

天桥附近的这个娱乐场所有表演舞台，有表演扭秧歌的，还有一种哑剧表演，这种表演结合了悲剧和喜剧的元素，深受中国观众和外国观众的喜欢。

（裴丽珠《北京纪胜》）

香厂路“新世界”

再往南就到了先农坛，这里的娱乐场、餐馆更如雨后春笋，“新世界”就建在这里。“新世界”有圆形的屋顶花园，还有咖啡馆和杂耍表演场。门票是两角一人次，虽然收费不高，但因客流量大，经营者还是赚得钵满盘盈。而那些出不起费用的穷人，就在天坛和先农坛之间的空地上找乐子，这里的表演场是露天的，有踩高跷的、耍杂技的、说书的，还有表演口吐火龙的。这里也有露天茶摊、食

赛马

品摊，更有不少流动货摊，他们挑着一头是火炉、一头是食品的担子，有买主就即刻做生意。这里还有一个赛马场，有不少马贩子在人前炫耀他们的马。赛场上，马背上的表演者一会儿站在马背上，一会儿侧身，一会儿昂首，引来观众阵阵掌声。

附近还有一片开阔地，遛鸟的人经常拎着他们的画眉鸟或云雀鸟来此。

（裴丽珠《北京纪胜》）

“新世界”娱乐天堂

“新世界”位于先农坛之北，建于 1916 年，是个四层的钢筋混凝土建筑。这里人们只要花三十个铜板（儿童半价）购票入场，就可以进行各种娱乐活动。里面的两个大剧场上演新旧不同的戏剧，三个小剧场是歌女、说书人表演的场所。“新世界”内的大空场是武术、杂技表演的空间，另外这里还有中西餐厅、茶室、台球厅和投币游戏机。

（甘博《北京的社会调查》）

北京的剧院

北京的剧院是人们进行娱乐的场所之一。剧院里上演的剧目、演员的华丽服装、演员的演唱功夫和伴奏队的伴奏乐器，是吸引观众的重要因素。北京剧场几乎都在南城一带，其中六家位于前门和天坛之间的天桥，一家靠近前门。

（甘博《北京的社会调查》）

第三辑

前门风雨　岁月沧桑

昔日前门一带经历了哪些风雨沧桑？

您会看到历史回放，九位作者用二十二个文段描述，记录下当年大前门的些许散影，闪回 20 世纪初东交民巷里所发生的事件。

户部银行旧址 张维志绘

大前门，你是北京城历尽沧桑的缩影

“庚子国难”后慈禧、光绪回北京

（1902 年）4 月 15 日，慈禧太后和光绪帝要回京，前门城墙上挤满了前来观看的人。穿着黑色紧身衣的骑兵在前，他们腿上挂着的战刀闪闪发光。只听一声喝令，出现了一列黄色的皇家轿子，光绪帝的轿子在前，然后是太后的轿子，每个轿子都被帷幔挡得严严实实。光绪帝迅速从轿子里下来，在关羽庙祭奠一下，马上返回轿中，被人抬走，这动作快得让人觉得似乎皇帝根本没从轿子里出来过。反倒是慈禧太后的轿子在城墙下停留了很久，她向城墙上的各国使团挥手致意，然后又挥挥手帕，之后戴上眼镜仔细观察城墙上的动静，像是要看清楚每个人似的。

（立德夫人《我的北京花园》）

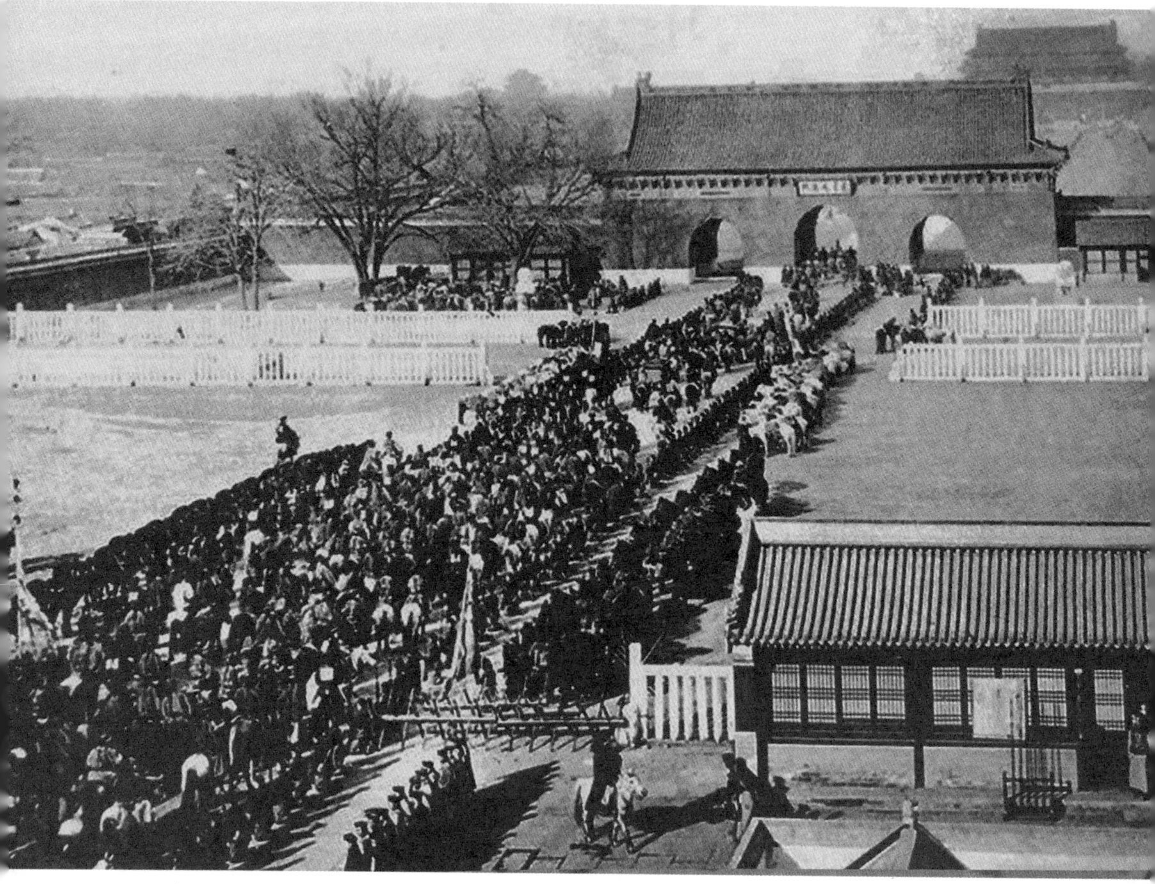

两銮回京

正阳门上乞丐成排

今天我的女儿劳拉和朋友们一起去正阳门城楼游览。

她回来向我叙述道："正阳门门楼只有守门的值班，我们就塞给守卫一些钱，然后就被允许登上城楼。站在城楼上往下看，街上是熙熙攘攘的人群。这时一个乞丐过来讨钱，接着又来了一个，他们光着上身，下身衣服也破烂不堪，因为我的朋友们已经没有钱了，就没给他们，可是乞丐们依然追着我们索要，而且乞丐队伍还不断扩大，他们竟排成一排跪下磕头。我的朋友们还有其他几个外国人很无奈，连忙跑下坡道。这时候城楼上已有二十来个乞丐了，身边还有两个穿戴整齐的中国人。”

我问劳拉：“那些中国人为什么不制止乞丐的无赖行为？”

劳拉对我说：“他们可不敢，这些乞丐都是有帮派组织的，若谁站出来说话，只会是引火上身。”

（萨拉·康格《北京信札》）

前门关大门的仪式

穿过前门就是南城或称“外城”。前门建于明永乐年间，用时九年，于永乐十七年（1419）竣工，取名正阳门。现在它的外观与过去大不一样了，过去它有瓮城和四个城门。

外门长年关闭，只有皇帝去天坛和先农坛时才打开。1900年之前，前门的关门仪式很烦琐。黄昏时分，关门前的一百零五分钟，悬挂在木梁上的铜锣就会响起，起初的五分钟，声音缓慢而庄严，后来逐渐加快。突然锣声停止，这时出来一些士兵，在城门下大喊几声。然后城门用一个巨大的中国铜锁锁上，门就关上了，门后再加一根巨大的木棍。1900年后，前门就不再关了。

（阿灵顿《古都旧景》）

从箭楼门洞看前门城楼

前门瓮城里的观音庙和关帝庙

位于前门东南角和西南角的两座寺庙可追溯到明朝。东南角是观音庙，外国人称观音为慈悲女神。关于观音有多种版本的传说，中国信徒会告诉你，观音会在不同的地点以不同的方式现身，但都是男性的形象。与之搞混的则是早在佛教出现前，中国南方人供的那尊女佛，她的名字也叫观音，传说观音是神奇般地被莲叶运到宁波附近的普陀岛的。当然关于观音还有一种传说：观音的父亲是周朝的庄王，有一天父亲生病了，观音割下自己胳膊上的肉，做成汤救了父亲的命。为了表示感激，庄王下令修个有“全眼和全手”的塑像来纪念她，但工匠将“全”误听为“千”，做成了千眼千手的塑像，所以观音的这种形象一直延续至今。

西南角是关帝庙，因关帝被视为清朝的保护神，所以皇帝只要经过前门，都会下轿到这里祭拜一番。1901 年（注：实际应为 1902 年），慈禧从西安回来，也是先在这里焚香祭拜后才进城的。

（阿灵顿《古都旧景》）

引人注目的大栅栏

过桥，沿着前门大街向前在第四个十字路口向右转，有一条狭窄而繁忙的街道，这就是大栅栏。它因四角都有木头栅栏，被称为大栅栏。大栅栏对外国人而言就是一条丝绸街，这里有几家经营丝绸的名店，也有几家洋货店。到了晚上，这里的招牌和幌子格外引人注目。

（阿灵顿《古都旧景》）

前门外的几个戏院

名称	地址
广和楼	肉市街（是北京最古老的戏院）
广德楼	大栅栏
三庆苑	大栅栏
第一舞台	西珠市口
开明戏院	西珠市口
广和戏院	粮食店街

除上述外，北京城还有位于东城东安市场的吉祥戏院。

所有的戏都在下午和晚上上演，很多都不是一出完整的戏，而是折子戏。

（阿灵顿《古都旧景》）

前门大街上的轿子

如果你在午夜时分到达前门，会听到大门被打开时发出的吱吱声，瞬间就会有马车在大道上前行，还会传来不间断的嗒嗒的马蹄声，这时辰是官员们上早朝的时间。如果你愿意再多停留一会儿，等到天亮，你就会看到这些官员们悄无声息地乘着轿子返回来。然而，这段时间他们都做了什么，你就不知道了。

（何德兰《晚清宫廷》）

一支轿队

前门，最精细的描摹

前门又称正阳门，位于南皇城城墙正中央，皇宫的正前方，是北京最重要的城门。宏大的规模使其成为北京最具有历史价值的建筑。关于前门及与它相关的历史事件，几乎可以单独成书，在此只能简略谈谈它的建筑特点和近年来对它所进行的改造工程。实际上，现在的城门仅仅是古代城门的临时替代品，宏伟壮阔的古城前门是帝王禁苑与城市百姓间的巨大缓冲区。原城门建筑群内有空场，包括一个巨大的瓮城，四个方向各设一门。北门面向位于宏伟城楼之下的大清门（即现在的中华门），通过一道长方形围墙与之相连。北门对面是辟于箭楼城台中部的南门，门前是护城河桥和外城的主要大街，即前门大街。南门是皇帝专用的通道，其他人等则要从东西两侧的瓮城城门出入。瓮城有一百零八米宽，八十五米深，基台厚二十米。它是皇城最外面的庭院，通过墙垣、城门与紫禁城连接。现在这里已被建成市场。过去环绕它而建的瓮城和箭楼是防守内城的重要之地，也由于此门位于北京中心的枢纽地带，所以它首先被较新式的建筑规划所替代，以满足城市交通的需要。

最先进行的改造是在瓮城两侧修建火车站，导致这里的交通量陡增。然后是民国政府迫切要求褫夺皇室特权，于是把前门交还给民众使用，从此这座中央大门再也不是皇家御用，而是可供民众使用的公共通道。由于进入内城的人马车辆不断增加，当时只有一个城门洞，就显得拥挤不堪，还不时发生交通阻塞现象。为了改变这种状况，中国政府委托德国建筑师罗克格研究制订改建前门的设计方案，旨在改善城门及周围的交通状况。

1915 年，改造计划开始实施，到 1916 年，城门改造初现成果。那些曾亲眼看到当初带有巨大瓮城、瓮城门和瓮城场地的前门之原貌的人，在看到大部分的古建筑被拆毁时，无不为之叹息。但他们同时也承认，旧建筑无论是在卫生还是交通便捷方面，都不能适应现代的发展。后来那位欧洲建筑师受到了多方指责，我在这里有必要提及他本人的意见。他认为，中国政府并未严格执行他最初的设计方案，而是对诸多细节任意修改。但实际上，中国政府的修改大多集中于建筑装饰和箭楼的细节方面，并不涉及平面规划中的要点，这从罗克格先生本人的设计图中可以清楚地查验到。

从整体上看，瓮城城墙完全被拆除了，以前封闭的空间变成了开放的广场，箭楼孤零零地屹立在矩形场地的南端，原城门两侧的主墙又各自开辟了新的通道。为了方便人们去城门东、西两侧的火车站，这里又重修了宽阔的大道。在瓮城围墙外侧，这条大道分两岔绕过，交会于护城河大桥。改造工程还包括拆除所有靠近瓮城主墙的小屋和店铺，仅保留观音庙和关帝庙。庙墙原封未动，庙南不远处有两座大石狮。除此之外，瓮城其他地方极为空旷，其间只有两条从北到南、从东到西交叉而过的宽阔道路，路两侧被石柱和铁链围绕，其他地方也是按原瓮城城墙的位置围上石柱。

此外，政府把位于北面门楼与中华门之间的广场铺成石板路，把原来在广场北端的哨所移近城墙并用铁链围起，在哨所北面前方不远处新辟一眼装饰性喷泉。广场较远的另一半一直到中华门一带，依欧洲风格栽种上一排排树木，周围也用铁链栏杆围起。

新规划中还指出，在城楼两侧修建两条直贯南北的平行大道，并使之从城门两侧新辟的两个通道穿过，从而起到连接内、外城之间交通的作用。为了达到此目的，人们不得不牺牲整个瓮城墙垣，这样，旧瓮城场地也就不复存在了。

实际上，这个中央大门无论从哪方面看，都让人感到失望。门楼还是老样子，但城门马道新开了两道拱门（这拱门有损城楼的坚固结构），前面广场又因过于西洋化，与城楼的建筑风格很不协调。从南面看，其景象也颇令人失望，原来大门的地方成了空旷的广场。

箭楼的情形更糟，因改造工程采用了西式风格，使箭楼孤零零地矗立，两侧瓮城残垣也所剩无几。两条呈“之”字形的马道直达城台顶部，台阶中间又隔有数层平台，汉白玉栏杆和凸出的眺台建筑在平台之上。此外，箭楼的窗户上还照着宫殿窗牖的式样，饰有弧形华盖，颇有点儿哗众取宠的感觉。在前门整个改造过程中，箭楼的改建实在是最令人痛心的。

城门处的生活场面会随着城区和郊区的分布及特点发生变化，同时也会因一天的时辰不同而展现不同的风景。南面是最大的交通中心和商业中心，乃北京城的重要地带，这里耸立着三座壮阔的城门。其中的正门为正阳门，也被誉为“国门”，在规格上比其他两个门都要高大，古代只有皇帝一人可以出入。尽管它受到岁月的侵蚀，已经失去了曾经的富丽堂皇和古朴典雅，但它仍是北京城生活中心的所在地。与正阳门相距不远的东、西两面，分别矗立着哈德门和顺治门——人们通常这样称呼，尽管这并非是官方名称（官方称顺治门为宣武门）。此二门为南北通衢的入口。

正门（前门）两侧有两座黄顶小庙，东边是观音庙，西边是关帝庙。关帝是北京大门及公共设施的守护神，在中国历史上很有名，而且也为北京人所接受。对中国人来说，关帝庙是非常重要的祭拜场所。关于关帝庙历史的叙述很多著名的作家已经进行了报道。（可以参考 1921 年《新中国评论》上刊登的庄士敦的文章《中国的军事英雄》一文。）在此我只简单陈述一下事实：皇帝每次经过前门，都要进入庙中祭拜，而且这里存有皇家的刺绣长袍和九旒冕，用来祭奠这位三界伏魔大帝。北京很多有钱人也经常到这座庙来祭拜，另

前门城楼

外还有一些有钱但名声不怎么好的女人也经常来这里进香叩拜。庙里的小院内有石碑，还栽种了很多树，通常祭坛上会有许多祭拜人奉上的丝绸长袍。但是在小院外庙门口的焚香炉周围，一些乞丐就会瞧准机会下手。关帝庙是前门建筑群中最漂亮的建筑，虽然有一百年的历史，但保护得非常好。其院内黄色墙院中的黄顶白碑的建筑掩映在树木中，非常壮美。

再往侧面靠近城墙的地方是两条铁路线的候车室，这个候车室是传统式样，宽大翘曲的屋顶和外廊把城门楼与西洋式火车站连接起来，原来的瓮城空地现在就成为它们中间的一片宽敞的广场，广场上的铁链、两座孤独的石狮和几棵萎靡的小树，烘托出一片冷落寂寞的气氛。这里唯一有生机的是一群游手好闲的人和乞丐，他们把这里当成自己的落脚点。

箭楼南边是北京最重要的交通中心之一，即护城河上横跨着的一座宽阔的新石桥，而桥下狭窄的护城河里流淌着浑浊的水，桥面上的方形场地则用铁链和石柱隔成四条大道，分别向南、东、西三面延伸，直达外城最重要的商业区。站在城楼上俯瞰前门大街，这里有北京城最美丽、最怡人的街景。街道两旁绿柳依依，旧式牌楼林立，车水马龙。传统的交通工具——大车、人力车，载货的骡子、骆驼队与现代的交通工具——汽车、自行车混杂出现在大街上，一个古老有序的时代正在逐渐让位于机器时代。

南城墙被前门分为两个大体相同的部分：前门以东为一半，前门以西为另一半。前门不仅是南城墙的最大通道，也是城墙和附近城区的转折点，也就是说风景在这里有明显的转变。

前门以东的地区是使馆区，附近有整洁的街道和高大的西洋建筑。这一段城墙维修和保养得比较好，有些地方还爬满爬墙虎；而前门以西就显得比较杂乱无章，建筑多为不中不西的民国风。实际上，西南这一地区是北京城墙下风景最差的地方，有的地方垃圾堆得跟城墙差不多高，这里也成为拾荒者和狗的狩猎场，而且当地居民也把此处当成粪便场。再继续往西，到了顺治门，环境才稍整洁起来。这里街道整齐，建筑也很规整，还矗立着高大的国会大厦，但街道只通到国会大厦的拐角处。所以，西南城角的道路边又是垃圾成堆，杂草丛生。

前门以东至哈德门一带的建筑鳞次栉比，环境也确实整洁。但是，对于寻旧访古的游者而言，就没什么看头。爬墙虎的枝叶密密麻麻地覆盖在城墙上，城墙底部路径窄小，城墙基石基本被土路埋没，城墙也显得比较矮小。使馆区内那些跟城墙争艳的西洋建筑与城墙的风格极为不协调，一座座高于城墙的楼房和山墙，完全无视古老城墙的传统风格，使整体风貌大大减分。

再往东，过了使馆区，走过哈德门，城墙与周围的建筑就比较协调了，景观也好多了。在这里人们可以看到城墙的全貌，包括城墙基石、混凝土便道和道前的小运河。其实附近地面上的建筑物较少，但是在一片空地的中心，有一座埋葬了意大利人、奥地利人和德国人的墓地建筑，这里绿树成荫，犹如一座漂亮的绿岛。

（喜龙仁《北京的城墙和城门》）

前门，俯瞰北京的最佳地点

前门是俯瞰北京城的最佳地点，因其神圣的原因，这里不允许运送污浊的东西，也不允许运尸车通行。游客要想了解北京，前门就是最好的起点，从前门不仅可以欣赏紫禁城内的美丽景色，还能把整个京城的主建筑尽收眼底，这些建筑因其向外延伸的房檐而显得比实际要大些，像是一座座的小山。屋檐上琉璃瓦反射出的黄色光芒，在远山的衬托下熠熠生辉，这美景不禁使人产生各种联想，北京城一幅幅美丽的画面就会在眼前出现。无论是在阳光普照的白天，还是月色降临的夜晚，或是银装素裹的寒冬，乌云密布的风雨天，北京城无不展示出她的美丽与自豪。虽然有岁月的变迁，也许以后还会面临改变，但宏伟壮观的景象一定不会改变。

（裴丽珠《北京纪胜》）

前门楼子的焚毁和修复

前门城楼附近还有一座火车站和众多的西式建筑，我认为这些建筑都破坏了站在前门城墙上观赏古城的效果。

这样一来，另一最佳观赏点就是景山了。登上景山，我们就可以望见北京的前门。实际上，前门已经被重修过了，以前这里只有一个门供人们出入，交通总是很拥堵，且以前箭楼的中央通道只允许皇帝使用。民国建立后，这条通道变成了人人可走的普通大道。

我们现在见到的前门的两座楼都是现代修建的，旧城楼毁于1900年的大火。以前箭楼和城楼是由瓮城城墙连成一体的。前门外有具有北京特色的集市，集市上货物品种齐全，应有尽有，诸如帽

修复前门楼时的八层脚手架

子、纽扣、铜腰带、金腰带、鼻烟壶、玉器、瓷器、火柴、煤油灯等各类东西都可以在这里买到。有的小贩还在城门之间往返叫卖。据说1900年一名义和团成员为了惩罚卖外国货的店铺而放火烧店，不幸的是引燃了城楼上的椽木，因这些木头是明代材料，经风一吹变得很易燃，结果火势迅速蔓延，浓烟滚滚。八国联军撤离北京后，失火的箭楼才得以修复，可是内城的城楼又意外失火，有人说是因一队印度兵的大意所致。

两座有几百年历史的城楼均失火，中国政府觉得这很不吉利，遂马上进行修建工作，并责期五年完成工程。当时的修建工程可谓震撼了西方建筑业，因为修建城楼的八层脚手架是用竹竿和木杆搭成的，工人们把一根根竹竿拼接成所需的长度，再把接头部分接紧，所有这一切仅凭一双手，而没有使用一钉一锤，他们还搭建了有利于运输材料和干活儿的坡形通道。最后油漆匠在城门处画上炮口，这点充分说明清朝政府还是没有接受教训。

（裴丽珠《北京纪胜》）

前门下的两座庙

在前门的南边紧挨着城门的地方，我们可以看到两个黄色的屋顶，乍看它们很不起眼，但实际上它们是两座意义非凡的庙宇，你若仅以参观为目的，那就没什么可看的，因为它们都是祭坛。

前门两侧的观音庙、关帝庙

城中有很多庙，尽管它们都很气派，但有些庙皇帝却未曾去祭拜过，而这里是皇帝必来之处。只要皇帝从天坛、先农坛或从城外回宫，他都要来这里祭拜，就连八国联军撤离北京后，两銮回京时，皇帝和皇太后也没忘记做这件事。

东面的庙供的是观音菩萨，但西方人对这座庙的兴趣点在于，这个几乎只有船舱大小的院子，是死于城墙附近的美国士兵的临时埋葬地。西面的庙是供奉关羽的关帝庙。关羽是东汉末年三国时期对抗曹操的蜀国大将，他对主君刘备忠心耿耿，但在公元 219 年战败被杀，当时曹操也很敬佩他的英勇精神，遂将他的头颅葬于河南洛阳南门外；而他的尸身被他的弟兄运回后，装上一个金头颅葬于湖北当阳。北京的关帝庙建于明朝 1387 年，关羽也成为明清政府的保护神，一直被供奉在京城。

（裴丽珠《北京纪胜》）

前门大街上的乞丐

乞丐会在特殊的场合向人们收费，而且每天还要向店铺收贡献费。多数情况下，店主为了少惹事，会掏钱立马让乞丐走人，免得影响店铺生意。于是这就形成了一个潜规则，只要有乞丐到门前，店主就给两三个铜钱打发他们。于是这些乞丐会一家店挨一家店索要钱，他们每家店每天只“光顾”一次，但第二天还会重来。东安市场就有长长的乞丐队伍，乞丐的另一集中行乞点是前门前的一座桥。1900 年以前，这座桥的三条道上站满了行乞的乞丐，但后来联军不允许乞丐在此活动。

（甘博《北京的社会调查》）

前门附近的澡堂子

北京人除了把澡堂子当成洗澡的地方，还把它当成社交的场所。许多男人在有重要事情需要解决或互相商量时，澡堂子就是他们的首选。他们先洗浴，然后谈正事。

多数高级的澡堂子都在前门周边，澡堂子门前明亮的灯笼招幌挂在高高的柱子上，远远地就能看见。人们消费一次只需花八个铜板或更低，收费多少取决于洗澡水被用过的次数。澡堂子里有一个公共大浴池，四周有供人们休息的大躺椅。

（甘博《北京的社会调查》）

西河沿的银行

北京可以说是中国的金融中心，使馆区有多家外国银行，如香港汇丰银行、国际银行、中国工业银行和亚洲银行。中国银行和交通银行的总部在前门的西侧，这两家银行在全国各地均有支行。

（甘博《北京的社会调查》）

前门商市留影

相比莫理循大街，前门外的市场更有吸引力，那里有一个挨一个的珠宝摊，摊上有铜器、漆器和象牙制品。我们被一个鸡蛋形状的花瓶吸引，它表面很光滑，高度约四英寸，底座不是很稳。我们还看到各种造型的鼻烟壶，有些鼻烟壶的里面还画着图案。

前门西面一条弯曲的小巷是银街，我们看到路上放着锻炉，男工匠把纯白的金属放进炉里，然后打造成各种形状，有佛塔、星象仪等。

清代的乐器表演形式

晚上，前门和哈德门也是热闹的集市，有讨价还价的人群，他们用铜板买猪肉、豆腐或萝卜干；也有吹笛唱曲的乞丐；还有五个盲人乐手，他们应该是赚够了钱，在一个小向导的带领下往家走。每人一只手搭在前面人的肩膀上，另一只手提着自己的乐器，有琵琶、皮鼓、三角钟、二胡和竖琴。人们可以看到这些人慢慢地消失在月色中。

（多萝西·格雷《穿过月洞门》）

漫步东交民巷，
百多年来的历史在我们心头激荡

使馆区的设立

北京的内城设计和建造很规整，而且街道和胡同都很宽阔，通行也便利。

穿过外城，再穿过前门，我们就进入了使馆区，这个区域被称为使馆区是因为大部分的外国公使馆都设在这条街上。使馆的建筑多数都是单层的，但也有两层的建筑。相同的是，所有使馆都被高墙围着，英国公使馆的外墙最高且最坚固，因此在1900年的义和团运动时期，这里便成了外国人的一座堡垒。外国公使们在那里坚持了八个星期。在临近一条街上还有一个汉白玉的牌坊，上面刻着德国公使克林德被击毙的地点。1900年战争后，中国政府同意划出这个区域，只允许外国人居住，并在通往这个区域的部分路口设置了关卡。街道的面貌较从前有了很大的改善，毁坏的房子已被修缮。

（丁韪良《中国觉醒》）

东交民巷扫描

因为使馆区的主街是东西走向，也有外国人叫它使馆街。使馆街的街道很长，在靠近紫禁城的地方被分成了两部分，前加上“东”“西”二字，即东交民巷和西交民巷。明永乐年，海关设在哈德门，街名才随之改为东交民巷，现在人们概念中的东交民巷，并不单单指东交民巷这条街，而是整个使馆区。

建于1901年的美国使馆和兵营位于东交民巷的西边，这里以前的房子在义和团运动中被毁坏。正对着美国使馆大门的建筑在1900年以前是清朝政府的所在地，礼部也位于东交民巷，街西头的所有房子都归礼部使用，礼部是六部中最重要的机构。

美国使馆东边是荷兰使馆，建于其旧址上。街北是俄国使馆和兵营。再往东，街南是法国东方汇理银行，这里以前（咸丰十年至光绪

使馆区平面图

1 Chartered Bank of India, Australia and China.
2 Former Offices of Chinese Eastern Railway.
3 National City Bank of New York.
4 Banque Franco-Chinoise.
5 Chinese Post Office.
6 Catholic Church.
7 French Club.
8 German Club.
9 Deutsch-Asiatische Bank.
10 Police Station.
11 Portuguese Legation.
12 Danish Legation.
Tung Ch'ang An Chieh
glacis
glacis
Italian Legation and Barracks
Ex-Austrian Legation
glacis
Meiji
Rue
Polo
Marco
Rue
Customs 12
Rue Hart
Japanese Legation
Customs
Peking Club
Customs
Rue du Club
Polo Ground
Street
Hata-men
Yamato Avenue
Rue Lagrené
Japanese Barracks
French Legation
French Barracks
Gaubil
Rue La brousse
Cus-toms
11
E. L. Stn
German Hospital
Rue Thomann
German Comp
9
Yokohama Specie Bank
Spanish Legation
Annex of Japanese Legation
5
7
t6
Postal
Rue
Legation
Street
10
San Kuan Miao
(U.S.A.)
Wagons-Lits Hotel
4
Hgkg. Shgh. Bank
Jardine M Bldg
German Legation
Belgian Legation
Former German Barracks
8
Wall Street
Water Gate
N
100
400
600
800 Feet

二十六年，即 1860—1900 年）是美国使馆。

稍往东边过一马路就会看见一庞大的现代建筑——六国饭店。饭店名字“六国”不是指战国时期抵抗秦国的六国，而是指天、地、东、南、西、北，即宇宙，它包含着寰宇各国的意思。街道有今年才修好的街心步行道，以前这里是散发臭味的运河，这条河除了下雨时有水，其余时间基本处于干涸状，河里堆放着很多垃圾。这条河从皇城里流出来，经内城城墙流进今天仍能看到昔日美好风景的南护城河。因它是通北海、中海和南海的运河，也被美誉为“御河”。河上有三座石桥，一座在内城城墙边，称南御河桥；一座横跨东交民巷，称中御河桥；一座在使馆区外的北边，称北御河桥。

东交民巷原比利时使馆（现紫金宾馆）

1900年，御河两边是用石头砌的，但是到1925年就完全被盖上了（成为暗河）。

在使馆区的中心区，虽然有些建筑进行了扩建，但大部分还保持着1900年时的样子，这里住着老住户。街北边具有中国风格的大红门是西班牙使馆，在这里曾签订了《辛丑条约》。它的东边是一些高大的现代建筑，这里就是1900年修建的日本使馆。再往东，现在是清朝邮政局，以前是北京饭店，曾是一座二层西洋建筑，在义和团的炮火中受损严重。

邮局的下一个转弯处是法国使馆，它的大门开在主街上。这里曾是纯公府，这座花园在京城非常有名。咸丰十年（1860），庆府遭变故，法国人从清朝政府手中租了这个府邸。今天法国使馆仍在原址上，现在看到的建筑是新的，旧建筑在义和团攻打使馆时被毁，只留下主要入口处的两个石狮子和石柱，还有府邸的西南角留下的一些残迹。

关于街南，我可以介绍两点，一是六国饭店和汇丰银行之间的空地形成的商店，它是北京开设的第一家外国商店。因北京不是通商口岸，不允许进行外国贸易，而且中国人非常反对在北京开外国商店。但使馆人员要求有一个能买到他们日常生活用品的商店，中国政府只好让步。事实上，外交公使馆人员的购物量并不大，反倒是王公贵族们经常来这里买外国货。辛亥革命前，他们带着嫔妃和仆人，经常光顾这里，挑选他们心仪的外国商品。

另一个是台基厂对面的比利时使馆，它的变化最大。1900年以前，它是唯一在使馆区外的使馆，位于长安街以北，哈德门大街的第二个转弯口。义和团攻打使馆区时，这个孤立的使馆完全被毁。而今的比利时使馆曾是徐桐府邸。徐桐是汉八旗人，同治皇帝的老师。

东交民巷东部所有房屋包括教堂在内，都是 1900 年后才建的，整个地区都在当时的防御线以外。这条街的最东端是意大利使馆，在义和团攻打使馆初期就被放弃，义和团迅速点火烧毁了它。

现在到了与王府井大街有一点儿相连的台基厂，明代这里是台基厂的一部分，因有一个很高、为附近王宫晒木柴的石台基而得名，名字一直沿用至今。

过了台基厂，马路右边就是法国兵营和对面的法国俱乐部。法国俱乐部建在安亲王府上，雍正时期安亲王被废黜，王府一直保存到乾隆四十三年（1778）。

再往前，马路右边是北京俱乐部，它建于 1902 年。1902 年前这里仅有一座建筑，是怡和洋行和它后面的德国使馆。

穿过马路来到街西边的海关大院，著名的海关总税务司赫德爵士和他的同事们从同治十年（1871）开始在这里办公、居住，一直到 1927 年总税务司迁到上海。义和团攻打使馆区初期，海关总税务司被抢，然后被火烧毁。赫德先生也因此丢失了所有财产，只得穿着衣服逃出来。庆幸的是，一个仆人把他的宝贵日记从大火中抢救了出来。

接着是奥地利使馆。1900 年，奥地利使馆仅有现在从西头到马路的斜坡这一点儿地方。在奥地利使馆对面，即现在意大利使馆的东北角，紧邻这块斜坡的就是堂子，这是清王朝家族神龛中最重要的庙宇，每年四月初八皇帝都来这里祭拜。义和团攻打使馆区时，它是遭破坏最少的几个建筑物之一，它未受到破坏也许是因为它和皇族关系密切。后来，尽管清政府全权大使想尽全力挽救堂子这块地面，但外国权力者坚持要求把它划入新使馆区内，必须拆除，堂子遂被移到皇城东南角。

台基厂西侧是一条可以通到日本使馆的小胡同。1900 年前，台基厂和肃王府东墙间有一条很窄的通道，现在的肃王府已被划入日本和意大利使馆。

穿过日本使馆大门口，经过花园就是英国使馆。大门的北边是一座纪念使馆区的石碑，上面刻着正式攻打使馆的日期：6 月 6 日—8 月 14 日。面对着使馆区的大门，街北旧使馆区的原城墙仍被保留着，还可以见到上面的弹痕。

1889 年的英国使馆入口

英国使馆的地址原是康熙赐给他后世子孙的财产，称梁公府，1860年后被废弃，他的子孙同意将府邸长期租给英国政府，每年收取租金一千五百两白银。直至1900年以前，英国政府每年春节时都会把租金以银条的形式送到总理衙门，梁公府的后人用这些钱吃喝玩乐。1861年，英国第一任驻华公使普鲁斯爵士开始使用这个公府。现在使馆的东南部分，从大门草坪南边到使馆南墙，已被英国政府用五千美元买下，并把它租给协和医院使用。当协和医院搬到哈德门大街后，这块地就归英国使馆了。英国人在旧公府里增加了不少现代化设施。1900年，英国使馆又占用了翰林院、詹事府和六部的一些地区。现在的英国使馆和七十年前没有多大变化，而且义和团期间它受损最少。

两个大亭子北边是外交部，其中部分房屋仍是梁公府府邸的主体。花园中有许多引人注目的装饰性亭子，其中一个是历史上著名的“钟楼”，它至今仍矗立在那里。攻打使馆时，这里是召开战争会议的中心。到晚上，那些不站岗的人就聚在这里，分享消息，谈论各种谣传。现在钟楼仍然在工作，四个柱子上贴满了告示和值班花名册。

经过钟楼向北就是外交部后面的花园，北边花园和斜坡就是著名的翰林院。中国的翰林院最初开设于唐开元二十八年（740），由二十至二十五个宫殿组成，那是在唐代的长安城。1900年，义和团攻打使馆时想放火烧毁英国使馆，但是由于风向的转变，英国使馆没有被烧毁，反倒将翰林院完全烧毁，翰林院收藏的大量珍贵的百科全书也被用来当路障。

与过去俄国兵营紧邻的是网球场，这里过去是一块空地，每年冬天蒙古人都会在这里举行集会。斜坡外还有一座不属于使馆区的建筑，英国使馆西北角对面是清代历史上最重要的地方——宗人府。

（阿灵顿《古都旧景》）

使馆区的仆人们

我们公使馆的仆人都是很优秀的，他们个个不多说话，既温和、善良，又热心助人。每个人都认真完成本职工作，同时他们也很节俭。时常把我们认为是不可能做到的事干得有模有样。

例如，有一次使馆里一间房间的墙纸脏了，我问能不能买到同样的墙纸来替补一下，仆人见此说道："买不到，但是我们可以自己做出来。"他们请来一位年老的人，此人仔细瞧了瞧就走了。一两天后，我竟收到了一沓两尺见方的墙纸，细细一看，无论是花纹还是颜色，竟和我家墙上的墙纸不差分毫。

还有一次，我们去避暑，进屋一看，连个炉灶都没有，我本想买一个，但康格先生说这里买不到炉灶，让我找我们的厨师想办法。我找到厨师，想让他写个单子说明要什么型号的，然后我从美国订购，但厨师把我领到厨房，眼前的景象令我十分惊喜：他已经在房子角落垒砌了一个灶台，灶台长六英尺，宽三英尺，高二十五英尺，上面有三个炉眼，前面有点火孔，然后厨师在这灶台上做出一道道美味。

（萨拉·康格《北京信札》）

参观鸾车库和象坊

今天，我和康格先生一起到皇城里存放鸾车的库房和象舍去参观，现在这里是英国人的领地。皇帝的銮驾和轿辇很宽敞而且特别

鸾车库

漂亮，有的是金银绣花，有的是黄色丝绸做的，象具和象饰美轮美奂。七十五年前，皇帝的辇车都是用大象驾辕的，饲养大象的象坊也非常宽敞明亮，而且也是皇家专用的琉璃瓦顶。

（萨拉·康格《北京信札》）

从前门到哈德门

如果你在离开北京前没有足够的时间或精力逛整个内城，但至少要从前门走到哈德门，这段一英里的路在历史上（1900 年）曾是战场，中国的义和团在这里向外国公使馆开炮，被包围的公使馆人员进行了奋力抵抗。在战斗中，军队用从城墙上震落的砖作为路障和掩体。现在你还可以从水闸上方看见炮击的残骸，见此你就能想象出当年惨烈的战斗场面，也可以想象出外国援军为实施报复对北京城开炮的情景。

战争之后，联军向清政府提出要求，接管部分城墙，并以保护公使馆为由，在城墙上安排巡逻兵。美国还在公使馆外安了铁门、铁环，开凿了地下通道，他们甚至架设了无线电缆以保障与海上救援部队的联系。后来在这段路上，也就是从前门到哈德门之间的城墙顶部，他们铺上了石砖，这段路就变成光滑的、无杂草的平坦大道；而清政府管理的十三英里长的城墙依旧是崎岖不平的狭窄土路，特别是雨后，蔓生的杂草疯长，高得犹如一片丛林。

顺着城墙顶往东走，向左可以俯瞰整个使馆区。就整体而言，这里的建筑不是很和谐，与相邻的紫禁城形成鲜明的对比。应该承认，中国人比我们更知道怎样使建筑适应周围的风景，使建筑和风景交融一体。右边是北京的外城，当夏天来临时，外城一片片郁郁葱葱的树木使它更像个大花园。天坛那蓝色的穹顶就像美丽的宝石在茂盛的树木中耀眼生辉。

哈德门或称崇文门是北京城门中的经典，它九十九英尺高，而非一百英尺，是要给翱翔天空的精灵留下足够的空间。哈德门有两座城楼，连接的城墙为半圆形，两个城楼起到双重保护的作用，同样还有保护作用的是坚固的门洞、炮台上的炮和坚实的大木门。以前，哈德门晚上是要关城门的，原来放在城门两边守卫城池的铜炮现在已不见了踪影。

（裴丽珠《北京纪胜》）

使馆区的逐渐发展

北京的使馆区是外国人活动的中心，在这个封闭的区域里有欧洲风格的建筑，也有美洲风格的建筑，如教堂、银行、商店、医院、俱乐部和旅馆等。每个建筑都试图展现本国的风格，所以我们看到的这片建筑是各国建筑风格的混搭，美国、荷兰、意大利和日本式建筑会并排出现。当然，对这片地区人们更想知道的是，这些建在一起的、带有浓郁各国风格的建筑所带来的影响，以及它们都在围墙安上保护装置的那个时期所发生的事。这个地区确实有一段历史，1900 年，义和团围攻外国公使馆，烧毁花园，向教徒开枪，血流御河……

1900 年之前，使馆区是不存在的，交民巷名字的来源是因为清

使馆区一角

美国使馆大门

政府统治时期，朝鲜、蒙古和藏族的进贡使节下榻于交民巷。乾隆时期不允许西方国家派公使入驻中国，但是随着时代的变迁，这一条例发生了改变。1860年第二次鸦片战争后，中国政府被迫同意外国公使入驻北京。第一个在北京有使馆使用权的国家是俄国，然而它是第三个在北京建立使馆的国家。继俄国之后，法国和英国要求

英国使馆大门处的交通信号

拥有长期在北京的居住权和大使馆的拥有权。

法国人在纯公府原址上建立了自己的大使馆，这个王府原是一个硕大的花园，因家族没落而废弃，法国人在此基础上进行了改扩建。英国人则在醇亲王的梁公府府邸建立了使馆，这个宅子是康熙皇帝赐给他的后世子孙醇亲王的，英国政府从总理衙门以每年五百英镑的价格租用这个地方，时效四十年。当时总理衙门办公地的一部分也是醇亲王府的地域，门口有两只镇宅大石狮，府邸里还有大红柱子的楼阁。英国使馆在这个基础上不断扩建，把翰林院和銮车库也占为己有，这样英国使馆则成为最大的使馆建筑，义和团围攻使馆时，英国使馆成为外国公使人员的避难所。

继英、法之后，其他国家纷纷在北京建立自己的公使馆，有的租，有的买断附近的房屋，这样就形成一个长方形的使馆区域（意大利和比利时使馆不在这个区域）。还要提一下美国，美国使馆最早建在威廉姆斯私人的属地［威廉姆斯著有《中国崛起》（*The Middle Kingdon*）一书］，后来这块地几经倒手成为东方汇理银行。义和团时期，美国外交人员都转移到三官庙（现美军和海军驻地），在那里临时办公。时间持续到1905年美国总领事馆竣工之时。使馆的扩建费用来自美国国会的6万美元拨款。在第一批使馆附近是新建的由赫德先生负责的海关总署，这里还有由一位瑞士人管理的银行、邮局和小旅馆。

庚子年后，中国人在使馆区已经没有了自己的属地，他们的房子或被征用，或被没收。这片区域也就变成外国人的聚集区，不在中国政府掌控之中，外国人还成立了管委会，以及自己的警察组织。

然而，随着外国人的大量涌入，其中不乏商业代理、新闻记者、借贷公司职员和文物商，使馆区也随之不能满足居住需求，有居民就将自己的房子高价租给或卖给这些人。如此一来，哈德门和城东地区就自发形成一个非官方的外国人居住区。

（裴丽珠《北京纪胜》）

黑伍德街之购红木家具

下午，到黑伍德街 (Blackwood Street) 淘宝更让人觉得爽快。黑伍德街是指前门与哈德门之间的街道，在这里，人们会淘到好的二手货。这里因为不用交税，东西就比较便宜，但这里有个规矩，进门前要先讲好价，然后进屋看实物。在这里买东西，你需要有一双火眼金睛，有的东西你一上眼，以为是烧火的木柴，但其实是紫檀。

当你具备一些木料知识时，就能分出紫檀和红木的不同，红木通常用来做橱柜、座椅或箱子，有时你也会发现楠木家具，但是楠木通常是寿棺的好材料。而紫檀实际上就是花梨木（按：此处著者理解有误，紫檀与花梨木并非同一种木头），并不是人们认为的乌木，树的红颜色会随着树龄及其接受光照的时间变暗，真紫檀又重又黑，上好的紫檀料是生长在接近地面的那段，尽管树枝、树干和其他部位的木质也很坚硬，但质量不是上等。这里的木雕更有吸引力，其造型、雕刻技艺令人羡慕。

（裴丽珠《北京纪胜》）

第四辑

紫禁巍巍　红尘万丈

巡检紫禁城中无数殿阁，打捞皇宫里的遗人逸事：您会随十五位作者书写的七十七个描述建筑和叙写人物的文段，漫步皇宫中，与慈禧、光绪等诸多历史人物邂逅，太庙和社稷坛也是绝不该忽略的地方。

故宫角楼瑞雪　张维志绘

堂堂皇皇、森森穆穆、奥奥博博的紫禁城

宫廷与建筑之篇
——数不尽的殿与宫，让人膜拜

神圣的紫禁城

要进入皇宫，必须先经过两处高墙围着的地方，一处被禁卫军当成兵营，这里是宫廷官员上朝前歇息的地方；另一处就是禁止平民涉足和观看的被称为“紫禁城”的地方。在朝廷逃往西安的一年中，紫禁城的宫殿由外国军队把守，并允许外国人进到里面参观。

首次进入紫禁城的人一定会为它的汉白玉桥、扶栏和台阶惊叹，门廊和柱子上都雕有龙凤和其他想象中的动物图案，这些图案意在提醒行走在此地的人们：这里是神圣之地。

这里的建筑都是单层的，但是很高大，犹如大教堂的穹顶。屋顶全覆盖着皇家专用的黄色琉璃瓦。

景山被一条护城河与皇宫隔开，景山是皇帝的后花园，1643 年

1901 年庚子之乱后参观紫禁城

北京被攻破时（按：应为1644年），明朝的最后一个皇帝在这里刺死了自己的女儿之后，上吊身亡。

从紫禁城的大门到皇宫的这段路程，所有官员必须步行，但如果有皇帝的特许就可以在宫内骑马行至宫殿，这个殊荣会刊登在《京报》上。

（丁韪良《中国觉醒》）

马可·波罗的描述

1261年，马可·波罗的父亲第一次来京。1275年，马可·波罗一行再次来京，他们受到隆重的款待，后来马可·波罗在皇帝的宫廷里担任重要的职务。在中国工作了十七年后，他返回威尼斯。在一场战争中他被俘入狱，在狱中口述了自己在中国的见闻，一个狱友将他所说的写成故事发表，最初人们只当这是个传说，但后来证明马可·波罗所说的和作者记录的内容基本准确。这个故事也激发了另一位意大利人的想象力，他开始驾船西行寻找一条通往黄金王国的水上之路。大汗忽必烈肯定是欧洲人发现美洲大陆的兴奋剂，也是引起英国诗人柯尔律治赋诗《忽必烈汗》灵感的来源。

忽必烈降旨建都城，
圆顶宫殿庄严神圣，
还有圣河流经城中，
穿山越岭向海奔腾。

（丁韪良《中国觉醒》）

战后，我进入紫禁城

今天我去公使馆拜见了我们的公使。下午一点半，我们一行人带着行李乘两辆中式大车去皇城。我们朝西北前行，和昨天去天坛的方向正相反，路况差极了。我们的车四面都无遮挡，凛冽的寒风吹得我们皮肤疼痛，风中夹杂的灰尘使我们睁不开眼。

我们最先经过公使区的一片废墟，这里站满了士兵。以前这里住着很多中国人，现在已是一片狼藉。在行驶中，欧洲及日本的岗哨比比皆是，主要的路段上、入口处、桥上都有军事防守，时常还能遇到巡逻车和插着红十字的救护车。

我们到达第一道城墙下，没有走大门，而是从英籍印度兵炸开的缺口进去的。这里的北京城破坏程度不是很大，街道上的房屋依然可见烫金木门和屋顶各种兽物的装饰。我们到达另一个门，门上有琉璃瓦盖，进去一看，不觉惊叹：这里已是一片阴森的林子，枝头乌鸦乱叫。这里也有和天坛一样的松柏和柳树，还有长满树木的山丘。在树林间，每隔一段就有一座琉璃瓦顶的亭子，那些小山丘气势宏伟，极具中国传统风格，但一看就是人工的杰作。

经过护城河上的汉白玉桥，我们由紫禁城的南门进入皇宫。我们在高大树木间继续前行，时不时能看到写着“云仙殿”“宁寿宫”“圣山恩泽殿”的大殿，我的同行对我说：“一般来说，紫禁城不会像今天这样阴冷，如果天气好，这里有世界上最好的景致。”

不一会儿，他指给我看：“这是莲花湖和汉白玉桥。”这两个名字我以前听过，它们曾让我憧憬，但现在湖已经近乎干涸，因为入侵者要重修运河，他们已经把水抽走了。我们经汉白玉桥到达湖的对岸，我将在那里入住。从大车上跳下来，我走进满是碎石的庭院，我的副官出来迎接冻得瑟瑟发抖的一行人。他领我们进入庭院的深处，展现在眼前的是保存完好的富丽堂皇的宫殿，还有一条长长的玻璃走廊。晚饭后，副官送我到指定的住所，屋里铺着厚厚的黄色地毯，一张乌木镂雕大床，缀有金箔的床垫和枕头，我和衣躺在了锦缎的床褥上，连鞋都没脱。

（洛蒂《在北京最后的日子》）（1900 年 10 月 20 日星期六）

我走一条“朝拜”之路

要离开北京了，我想再去看一眼紫禁城。我决定这次不走小路，而是走御道，那条通向紫禁城的大道总能让人联想到古巴比伦。

北京城的南门位于神圣城池的中轴线上，这条通往令人敬畏的皇宫的路全长六千米，两边有店铺和石兽雕刻。从南门入城，最先经过的是天坛和先农坛，约半里路的距离就是一道更高的门，有黑色的城楼，然后又是笔直的路，一直延伸到红墙的第三道门，这里就是皇城。

进了皇城，还有一段笔直的路，才能到达皇帝的宝座大殿。这条路上有很多大理石雕刻成的怪兽，还有高大的石狮子，路两侧有汉白玉石柱。约三十米进深的通道上有三道门，一道比一道窄，前面的护城河上飞架着三座汉白玉桥。

进入皇城的内部，这条约一里的路就看不到店铺和普通老百姓了。这最后的三重门，现在由美国兵把守着。我们穿过门洞，眼前是一片大理石广场，一个大理石平台上有一座琉璃瓦顶的大殿。我们经过一个大斜坡来到大殿，殿门敞开着，屋里闪闪发亮，穹顶藻

北京皇宫紫禁城午门

井上雕刻着一条条形态各异的龙，高台上是金漆雕龙龙椅，后面立着两扇巨大的御用羽扇。地面上铺着厚厚的黄色地毯，软软的，踩上去如同踩到暄软的草地上一般，但我注意到，地毯上已有多处虫蛀的破洞。

这里有三座一样的大殿，都建在大理石平台上，殿前有一样的大理石广场，还有相同的台阶和御道，里面都有龙椅。为什么是三座？数字“三”一定有它的神秘寓意吧。

（洛蒂《在北京最后的日子》）（1900 年 10 月 27 日星期六）

我进紫禁城为慈禧画像

紫禁城位于皇城之内，带角楼的城墙外有一条护城河。穿过大大的皇城门，越过河上的汉白玉桥，很快就看见宫墙和高大的宫门了，红色的外墙有些褪色，近乎半灰半红，红墙和角楼的倒影映在湖面上非常漂亮。

我们乘轿子沿护城河边的一处高地往前走，经一座汉白玉桥，到煤山脚下，穿过一道道巨大的带有大铁钉的厚厚的门，来到一个轩棚。在这里，我们换乘另外的轿子，又被抬着走了很久，还是一道道门，在迷宫般的通道中穿行，最后来到一个漂亮的院子。皇后和几个公主已在一棵美丽的松树下等候了，她们穿着艳丽的服装，头戴漂亮的花饰。没多久传出宫廷奏乐，这时院门打开，太后的队伍出现了，轿子被抬到院子中央。太后走出轿子，我上前向她致敬，她拱拱手祝我在紫禁城过得愉快。

紫禁城内太后的御房四周有结实的院墙，墙上的窗子形状很特别，隔一段会有黄绿颜色的瓦砌成的装饰图。进入御房，我看到漂亮的暗红色墙壁，金光闪闪的藻井。光滑的大理石地面铺着皇家地毯，地毯上是太后的宝座和脚凳，宝座后有三面屏风。在太后的示意下，我被领进右面的一个房间。屋里很明亮，有花朵，有装满水果的彩盘，窗子下有一个长靠椅，这是太后白天使用的房间。

（凯瑟琳·卡尔《一个美国女画师眼中的慈禧》）

从前门步行到午门

出使馆区的西头，就可以看见一座精美的木质牌楼。根据中国的对称原则，街的另一头还有一座牌楼。过马路就是棋盘街，这四方形的街还有一个有趣的象征，就是哪吒的鼻子，南边的两口井是他的眼睛。站在棋盘街往南看就是前门。

檐兽

前门是内城的南门，在这里你可以看见很远的南城门。清朝这个门一直关着，只有皇帝到天坛祭祀时才打开。向北看，就是皇城最南的城门，中间门洞上的蓝色匾额上用金色的汉字写着——中华门，此门是 1911 年中华民国建立时（按：应为 1912 年）修建的。明朝时称大明门，清朝时称大清门，现二英尺多长、刻有铜字的木质旧门匾额就存放在故宫博物院。

大清门

在我们离开大门前，要介绍三种装饰物，它们是大门和其他建筑物常见的装饰物，游客游览北京时常常会看到。第一个是大门口的一对石狮子，右边是一只嬉戏球的雄狮，左边是一只爱抚幼狮的母狮，所有皇室和贵族的宅院门口都会有这样一对狮子。

第二个是门钉，传说门上这一排排包金的饰钉是鲁班发明的，它的正确名字叫金瓯符钉，因它很像浮在水面上的水泡，老百姓又称它为馒头钉、蘑菇钉、鱼眼钉等。

第三个是房顶四角上坐着一排形状各异的动物，关于它们的来源有这样的传说：

公元前暴君齐王被打败，于是被挂在房檐上暴晒。时间稍久，他就因饥渴而死。为了记住他的罪恶，齐国人让他骑着鸡待在屋顶上，这样鸡也就不能飞到地上，同时为了不让鸡在房上乱跑，又在房顶的另一头装了鸱吻来吓住它们。到了明朝，房顶上的饰物又增加了几种，它们的顺序是：鸡、龙、凤凰、狮子、麒麟、天马和鸱吻，按个人需要，除鸡和鸱吻之外，其他饰物可以重复使用，但总数必须是七以内的奇数。后来出于某种原因鸡被取消了。

进入中华门向北经一段石板路（这里以前是有皇家侍卫站岗的御路，现在两边都种上了花草），我们就到了庄严肃穆的天安门。

门前大理石桥南有一对华表，它们的柱身缠有云龙，顶部刻着一块美丽的云板，华表建于明代，是用来提醒皇帝时刻遵守道德礼仪。这里有两对华表，一对在门里，一对在门外。每个华表柱顶刻有一石犼，南边门外的石犼面向南，张着大嘴，意思是告诉皇帝在他外出时，官员是否玩忽职守。北边门内的石犼面朝北，闭着嘴，意思是当皇帝微服私访时，它要严格看管这里。

大门南边靠近华表的地方有一对建于明代的大石狮。关于这狮子也有一段传说。据说当李自成攻入紫禁城时，两只狮子挡住了他的去路，李自成拔剑砍去，这时狮子不见了。待他上前一看，却见两只石狮子，若你仔细看，西边的狮子身上还有剑伤呢。

天安门也是袁世凯举行就任中华民国第一任大总统庆典的地方，用蓝色和白色绘制的孙中山画像在中央通道上挂了很长时间。

穿过天安门，经过端门，就到了午门。现在大家所熟知的紫禁城的“紫”，实际上应该是紫微星的意思，意指皇帝是中心，一切都要围着他运行。午门是紫禁城最大的门，周围有五凤楼，每当皇帝经过午门时，五凤楼里的钟鼓齐鸣。午门两边分别是日晷和嘉量。

（阿灵顿《古都旧景》）

这里，是紫禁城的中部

我们来到紫禁城的东门——东华门，进入东华门就可以看到右边的建筑。从南边数第一个是文华殿，这里是每年二月举行殿试的地方（按：殿试每三年举行一次，太和殿、保和殿曾作为殿试，阅卷在文华殿进行）。中间是崇敬殿，后面是文渊阁，是乾隆时期修建的著名藏书楼，这里收藏着大量、独一无二的中国典籍。

向西是协和门，倘若你朝门廊的西边看，会发现有一小段链子紧挨着一个柱子，传说它是康熙皇帝拴驴用的。

现在到了太和门前面的空地上，金水河的御河穿过太和门，弓形的金水河道上面有五座桥，这五座桥象征五种美德。

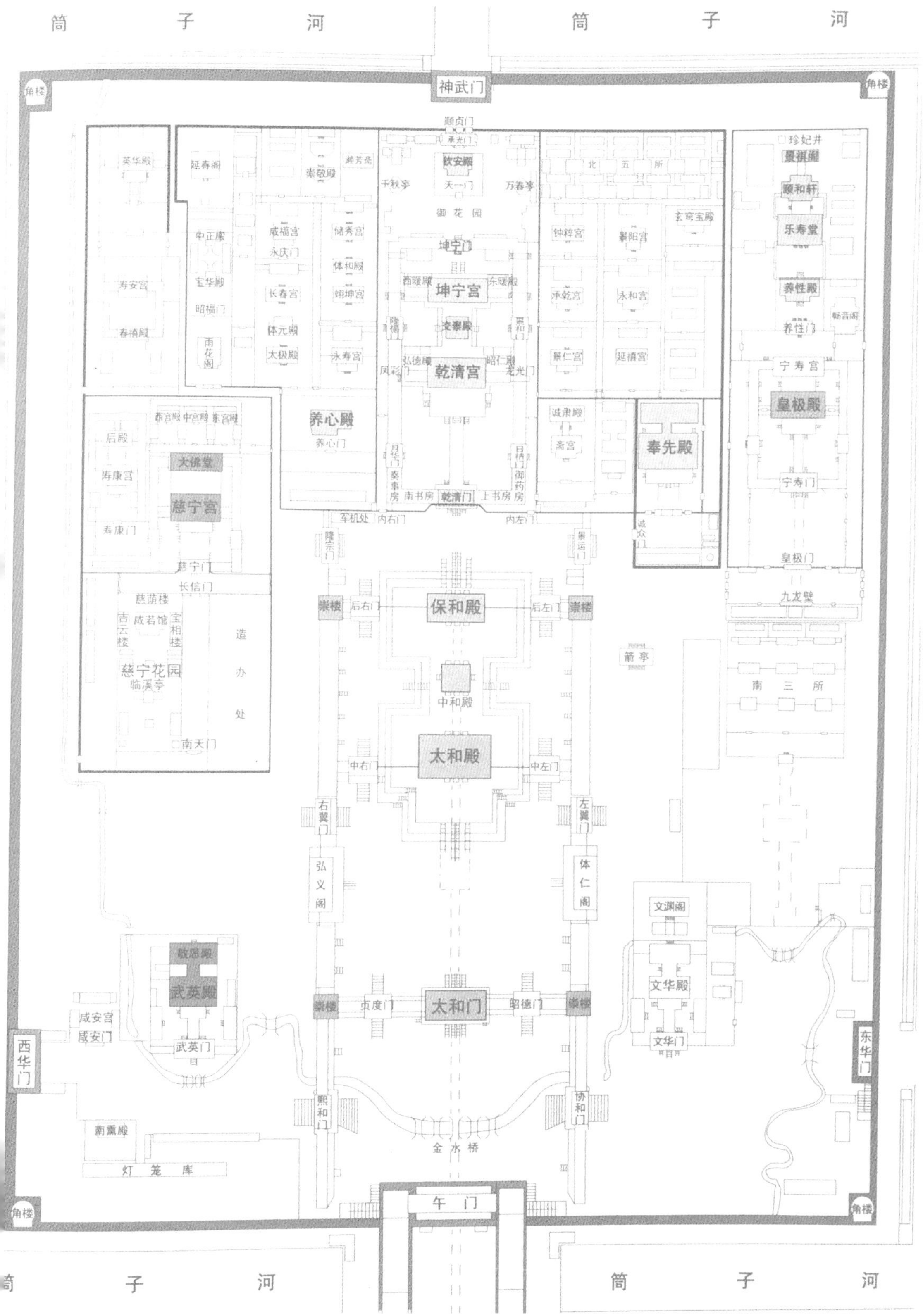
筒子河
神武门
角楼
顺贞门
承光门
钦安殿
天一门
千秋亭
万春亭
御花园
坤宁门
坤宁宫
西暖殿
东暖殿
交泰殿
乾清宫
弘德殿
昭仁殿
凤彩门
龙光门
乾清门
南书房
上书房
军机处
内右门
内左门
养心殿
养心门
延春阁
敬胜斋
中正殿
咸福宫
永庆门
储秀宫
体和殿
翊坤宫
宝华殿
昭福门
长春宫
体元殿
太极殿
永寿宫
雨花阁
英华殿
寿安宫
春禧殿
北五所
钟粹宫
景阳宫
玄穹宝殿
承乾宫
永和宫
景仁宫
延禧宫
诚肃殿
斋宫
奉先殿
珍妃井
景祺阁
颐和轩
乐寿堂
养性殿
畅音阁
养性门
宁寿宫
皇极殿
宁寿门
皇极门
九龙壁
南三所
箭亭
西宫殿
中宫殿
东宫殿
后殿
寿康宫
大佛堂
慈宁宫
寿康门
慈宁门
长信门
慈荫楼
吉云楼
咸若馆
宝相楼
慈宁花园
临溪亭
造办处
南天门
崇楼
后右门
后左门
保和殿
中和殿
太和殿
中右门
中左门
右翼门
左翼门
弘义阁
体仁阁
文渊阁
文华殿
文华门
敬思殿
武英殿
武英门
咸安宫
咸安门
西华门
东华门
贞度门
太和门
昭德门
熙和门
协和门
金水桥
南薰殿
灯笼库
午门
紫禁城平面示意图

太和殿前的桥

太和门前有两只巨大的铜狮子和两个大理石装饰物，一个象征存放皇帝奏章的盒子，另一个象征存放玉玺的盒子。与其他的门一样，只有皇帝才能走中间的门，文官走东侧门，武官走西侧门。石台阶中间雕有云龙的斜坡石，也只有皇帝能在上面行走，文武官员都要走旁边的二十八级台阶。太和门建于明代，清光绪十三年至十六年（1887—1890）重修。

太和门和太和殿之间是一座200码（注：1码约等于0.914米）长的院子，除周围有几间低矮的房子外，基本上是开阔地，故太和殿在视觉上很大。太和殿是三大殿之一，建在名为“龙道”的三层大理石台上。十八个三条腿的铜鼎摆放在朝向大殿的台阶上。它们是权力的象征，代表清朝的十八行省，据说是模仿周朝的九鼎。台阶上还摆放着两个大铜鹤和两个铜龟，它们分别象征永恒和力量。

元旦、冬至、万寿（生日）时，皇帝会在太和殿接受满朝文武的祝贺，其他重大的庆典也都在这里举行。庆典时，皇帝坐在龙椅上，殿内站立着五十位高官，大殿外通向大殿的台阶上站立着王公贵族，台阶下的院子里则是穿朝服的九品以下的官员，他们分两列十八排站立，文官在左，武官在右。

再向北就是中和殿，它比太和殿小，但更精美，这里是皇帝去太和殿前休息的地方。第三个大殿是皇帝读书的地方，名曰：保和殿。

（阿灵顿《古都旧景》）

漫步紫禁城北部的东半

现在，要进到紫禁城的北部和东部只能从北面进。我们从面向景山的北上门进来。明清时期，在黄瓦门和北上门之间有很大的一块空地，黄瓦门则是景山的入口。现在，空地东、西的两面墙已被拆除，变为公共大路。这样一来，景山和故宫就成为两个独立的部分。北上门则是故宫博物院的入口，过去的黄瓦门——景山门便是景山的入口。

经北上门向南就是紫禁城北部的主要出入口——神武门，它和南面的午门在同一条线上。八国联军打到北京之前，1900 年 8 月 15 日清晨，慈禧和光绪一行人就是从这里逃走的。神武门北面白色石头的墙上是五个醒目的但难看的黑色大字——故宫博物院。

穿过神武门来到宽阔的院子里，我们可以看到在东边有一口井，它被誉为北京城的中心。再往前面走是顺贞门，后面是承光门，承光门前曾横着一根木支架，意思是对它进行惩罚，因为明朝最后一个皇帝崇祯就是经此门去景山自杀的。

进入御花园的东门，在高高的窄石山顶上有御景亭，因安全缘故，它现在被关闭了，亭下是仙家洞。和花园里的其他地方一样，这段路也是用彩色的卵石铺成的，还有一个修在水池上的亭子被称为福辟亭。它北边的建筑过去曾是御书房，乾隆在那里存放了大量的书籍。亭子前有两棵交织生长在一起的古柏树，称“合欢柏”。向南走，经过有汉白玉栏杆和四层台阶的万春亭，就是绛雪轩。传说乾隆和他的御前大臣们曾在这里写下许多著名诗篇。宣统皇帝也在这里召见过外国人。前面是花坛，花坛四周镶着绿色和黄色的琉璃瓦，里面种有慈禧喜爱的灌木。

从东南角的小门走出御花园，我们就到了紫禁城内后妃们居住的地方，这里一共有七个院子，红墙之间是用石头铺成的宽路，被称作“街”。左边第一个是钟粹宫，再向东过一个街是景阳宫，南面是永和宫，光绪的妃子瑾妃生前一直居住在这里，现在用于存放从欧洲运来的古钟。

永和宫以西是承乾宫，清末仆人住在这里，金鱼和笼鸟也在这里过冬。南边的两个宫殿，一个是西边的景仁宫，即光绪宠爱的珍妃的住处；另一个是东边的延禧宫，现在已经关闭。这条路的尽头是斋宫，东边的毓庆宫是庆贺皇家生子的地方，也是在这里，乾隆皇帝即位六十年后，将皇位传给他的儿子嘉庆，宣统皇帝也曾经把它当作书房。

现在我们向西走，穿过日精门，来到中间院子。此门以南是御药房，里面供着药王，还摆着许多药箱子和医用器械。院子南边的南书房是皇帝儿孙们学习的地方。在清朝最后的日子里，这里是摄政王的办公场所。再向前是内朝的入口——乾清门，内朝包括紫禁城的北部和后妃们住的宫殿，它与前面外廷有很大的不同。在中华民国建立之前，内朝和紫禁城南部连在一起。但袁世凯扩大了乾清门东、西的使用范围，意在把他要用的外朝三大殿与退位的宣统皇帝的活动范围分隔开。

紫禁城建于明永乐十五年（1417），主要的宫殿在清朝顺治十二年（1655）重修。虽然紫禁城里面的宫殿多次毁于火灾，后又被修

御花园

紫禁城之后三殿

复，但乾清门从未发生过任何意外，由此可见它是紫禁城内最古老的建筑了。乾清门西边上书房是翰林们的办公地，西屋存放着郎世宁为乾隆画的像。旁边是康熙的书房，里面存放了乾隆年间绘制的紫禁城和三海全景图，上面的团城和御桥清晰极了。

院子中间有一段路，它高出其他的路，通往乾清宫。乾清宫被认为是紫禁城最重要的宫殿，它的结构几经变化，明永乐年间的乾清宫早已被毁，后重修了不止三次，最后一次修于清嘉庆二年（1797）。明朝时称为乾明宫，是最后四位皇帝生活的地方，清朝时改为接见大殿。乾清宫举行了两次著名的宴会：一是康熙五十年（1711），全国一千多名年过六十岁的老人参加的千叟宴；二是乾隆五十年（1785），二千多名老人参加的宴会。当时，年过九十岁的老人还受到皇子侍奉的礼遇。1900 年后，根据《辛丑条约》，这里用来召见外国公使。中华民国建立后，这里不仅用来觐见退位的宣统皇帝，而且皇帝所有的庆典，包括 1922 年 12 月的大婚都是在这里举行的。

乾清宫后面有一个比较小的殿称为交泰殿，这里有皇后的宝座，皇帝的二十五枚玉玺就存放在此。

坤宁宫位于乾清宫后边通道的北端。明朝时，坤宁宫是皇后起居的地方。清朝时重建，分成两部分，西边大的一部分用作满族人信奉萨满教的祭坛。现在依旧能看到放在这里祭祀用的器具。皇帝、皇后每年正月初一凌晨 3 点至 4 点，在这里秘密举行萨满教的祭祀，参加祭祀的必须是满族人。

经一条小路绕到北边，就是坤宁门，我们又回到御花园，向西的两层庭楼是养性斋，曾是宣统皇帝英语教师庄士敦的住所。北边有两个亭子，一个是千秋亭，另一个是澄瑞亭。澄瑞亭里有个祭祀魁星的祭坛。向东靠着墙的两层庭楼是延晖阁，供来客们休息使用。

折回向南，我们来到四周封闭的钦安殿，它的南门是天一门，是玄武帝的祭庙，也称火神庙。

走出钦安殿向北、向东看，可见一组美妙的宫殿。从位于乾清门东南的景运门进去，走过一块空地，我们就到了锡庆门，空地北面的奉先殿是供奉皇帝的列祖列宗的。

锡庆门内的南墙上就是著名的九龙壁，据说它比北海里的九龙壁还要略胜一筹。往北穿过皇极门便是宁寿门，之后就是宁寿宫。宁寿宫建于1773年，是乾隆皇帝退位后的寝宫。再后来到光绪十五年（1889）成为慈禧的寝宫。通道尽头的第一个宫殿是皇极殿，比乾清宫稍小点，慈禧在这里召见大臣。

穿过北面的养性门，就是养性殿，乾隆和慈禧都是在这里过世的。这是个满族建筑风格的大殿。

东面有一个独立的院子，里面三层的宫殿名为畅音阁，它是个戏院，其音响效果极佳。它的对面是阅是楼，是皇亲国戚看戏的地方。

西面的园子里有很多假山和亭子。再往北就是乾隆皇帝的书房——乐寿堂了，其后面是乾隆和慈禧居住过的颐和轩，还有连在一起的景祺阁。这些宫殿的东面是一大片假山，山上有凉亭，可惜都被毁了。

继续走，我们来到贞顺门。1900年8月15日，慈禧就是从这里逃离紫禁城的。另外，光绪的宠妃珍妃就被扔进这里的一口井中。沿贞顺门外的大道向西，又到了神武门。

（阿灵顿《古都旧景》）

紫禁城北部的西半走一走

现在，我们来看看紫禁城北部的西半。经御花园西北角的侧门，我们进入紫禁城的西部。院子西面有个小戏台，对面就是漱芳斋。西边是重华宫，当乾隆是皇子时在此居住，后来他将此处改为宴会厅。南边是崇敬殿。

经南门向西再穿百子门，第一个拐弯处右拐就是咸福宫，以前叫寿安宫，嘉庆十四年（1809）改名为咸福宫，这个名字一直沿用到现在。可是多年来，此房一直未有人居住，后慈禧用它存放珠宝，现在里面珍藏着大量乾隆收藏的书籍。1932 年，英国公使兰普森先生为纪念他的妻子捐款修缮了咸福宫。咸福宫后面就是同道堂，同治皇帝就出生在此。

出正门，向西再向北是一组破坏严重的宫殿群。第一个是娱乐休息场所——抚辰殿，第二个是蓝色琉璃瓦的建福宫。出建福宫，然后我们来到西花园。在 1923 年 6 月的一场大火中，这里的几个宫殿被毁，据说存放在这些宫殿里的珍宝都化为灰烬。官方说是粗心所致，但宫内传言是有人故意放火以掩盖偷窃的事实。

再往南走，有一个院子，里面有一座三层宫殿称雨花阁。它始建于明朝，是座喇嘛庙，其色彩风格独特，是紫禁城内独一无二的。北边有一个独立的院子，是建于明朝的保华殿，以前是道教道观，现为佛教寺庙。从这里再向北、向东，过一条街就是储秀宫，再向南是翊坤宫，慈禧初进宫时就住在这里。现在，她曾看过的书都按原样摆放在那里。出南门再回到刚来时的那条街，就可见长春宫，现在文绣住在这里。出长春宫主门向西，然后向南，在另一条街上右面第

雨花阁

二个院子就是慈宁宫，门两边有镀金麒麟。慈宁宫是紫禁城西部最大也是最重要的宫殿，乾隆母亲、东太后慈安曾在这里住过。慈宁宫主殿后面是大佛堂，有很多木质镀金雕像，有十八罗汉和两个九层铜塔。慈宁宫南面是花园，现在还有一些尚未开放的宫殿，如慈宁宫西面的寿康宫和东北角的永寿宫，另外西北角的英华殿也正在修缮。

慈宁宫东北是养心殿，清朝光绪皇帝在这里住过，并于 1908 年 11 月 14 日在这里驾崩。宣统皇帝溥仪从 1912 年住到 1924 年。

（阿灵顿《古都旧景》）

太和殿上看龙椅

金銮殿就是紫禁城的太和殿，这座宫殿的设计很独特。它空间广阔，一直延伸至墙边；有非常华美的藻井，殿内随处可见象征权力的龙纹，漆柱上、藻井上、龙椅上都雕有龙纹。龙椅在几层台阶的平台上，龙椅的后面是九扇雕着龙图案的屏风。龙椅上也雕着云和龙的图案，象征天子的身份。整个龙椅都是漆金的，看上去它简直就是件绝美的艺术品，龙椅的两侧摆放着青铜器。殿内挂着巨大的灯笼，仰头就能看见漂亮的藻井。

太和殿柱子

（格蕾丝·汤普森·西登《中国灯笼》）

回忆我在“养性斋”的岁月

1924年初，皇上将御花园的一座楼阁赏给我用，楼阁分为上下两层，名曰“养性斋”。位于御花园的西南，距皇上的养心殿很近。

紫禁城养性斋

皇上考虑到我是西方人，故用了西式装饰风格（其实我内心更喜欢中式家具，我经常想象着中式书柜里放满书的情景，那对我来说简直就是莫大的享受）。楼阁里有几个房间，其一是卧室。一侧的房间是我的侍从和宫中的侍从住的。平时我就在这里休息、读书、写字或消磨时间。有时，皇上也会来，我们就一起聊天、吃饭。当然，皇上的饭都是御膳房送到这里的。偶尔，皇上还会带来几个皇室成员，每到这时，养性斋就充满欢笑。值得一提的是，皇后和端康太妃也经常来这里用膳，通常皇后是由她的英语教师伊莎贝尔·任萨姆陪着来。养性斋的日子逐渐充实、丰富起来，在这里，我们不必讲究宫廷的礼仪，大家像朋友一样无拘无束。

（庄士敦《紫禁城的黄昏》）

令人叹为观止的故宫

当然，最令马可·波罗和托钵僧奥多里克等欧洲访客赞叹不已的建筑是帝都的宫殿。尽管这些旅行家早已见过本国的古老建筑，但他们不得不承认，这座皇宫是世界奇观之一。其占地广袤，城楼林立，门阙重重，楼阁相连，庭院深邃而戒备森严。它深深的宫墙后隐藏着很多无法获知的秘密。故宫不愧是这帝国的心脏，其宫殿的宏丽和装饰的华美让人惊叹连连。

（喜龙仁《北京的城墙和城门》）

大城中套着的小城

参观紫禁城比起参观其他皇家建筑更使人有种庄严感，你会感受到古文明的脉搏。这个位置很久之前就是王朝的宫殿，大约915—1125年，辽就在这里建了宫殿。12世纪时，金也开始在此开沟挖渠建人工湖，后来元代忽必烈在北海建立了御花园，据说他命人将原长在蒙古的一种蓝色的花种在这里，以此让后人记住自己的祖籍地。到了明代，紫禁城有了今天的规模，清朝的满族人在原基础上做了些调整和改建，如三海的改造工程，但不变的是仍旧封闭的宫廷管理制度，一道道红墙包围的皇宫显得更加神秘。紫禁城如同它的名字一样，是一个大城市中的小城，里面有街道、房屋、女人专区、储物室、戏院和藏书阁，还有庙宇等，但所有这些都是皇家专用。

（裴丽珠《北京纪胜》）

记宫内的一次珍宝展

几个世纪以来，紫禁城都是封闭的。民国建立后，午门和太和殿之间的通道向民众开放，过去接见武官的宫殿被当作博物馆，东面相应的宫殿作为接见文官的地方。著名的传心殿用来展示名画、名卷或特别的文物，如路易十六送给乾隆的地毯、郎世宁为乾隆绘制的画像及一些家具。

去参观博物馆的最佳路线是由西华门进，因为这里离博物馆最近，然后还可以穿过一个院落到东面的文渊阁，之后出东华门。

博物馆里展出的都是惊世之作，它们有幸没被掠夺走。从这些宝物中，我们可以感到中国工艺的神奇魅力。

这次展览使用了三个大厅，游客非常多，就是匆匆看完展览，

传心殿

也需要一两个小时。

如果你想仔细看，得要几天的时间。这里的光线很柔和，展品是顺着一条直线排列的，因此非常有利于参观者观看。此次展览我觉得也有两个小遗憾，一是大的青铜器摆放得离观赏区太远而无法仔细欣赏；二是每件展品只标了中文，没有外文。

穿过一个小门是一个景泰蓝的展区，这种技艺最早是从西方传到中国的，因此它的名字叫“珐琅”，在这次展览中景泰蓝展品比较少。

在一个展台，我们看到比较稀奇的东西，如客厅中的盆景、轿子、马车，还有各种形状的酒杯、香炉。

朝门的一个展厅摆满了各种文物，一幅巨大的背景图前是精美的青铜器，右边是郎窑的釉红瓷器，东墙摆放的是乾隆时期的红色和彩色的雕漆作品。这里的工艺品件件精美绝伦，使人目不暇接。然后我们进到宋代瓷器展厅，这里展出的是定窑的工艺品，这里更是让人大饱眼福，一件件的器物色泽淡雅，釉面晶莹剔透，有象牙白的“白定”，有像黏土色的“土定”。略感遗憾的是，这些精美的作品都没有制作大师的署名。

黑釉花瓶

在通往另一个展厅的走廊中挂着织锦缎，它们蓝色的格调非常具有艺术性。展厅里的乾隆宝座、金漆屏风、镶边的桌子和各种材质的如意极为引人注目。玻璃展柜中的一个小巧瓷器是954—959年的，这应该是“柴窑”。还有一件也格外引人注目，它是一盏保存很好的海绿色的瓷茶壶，釉面保护得非常好。另外还有几件我们特别喜欢的东西：半透明的白碗、白色花瓶、茶杯。展厅中还有鼻烟壶、镀金茶壶、高脚杯、铜镜、书籍、毛笔、玉器和奇石。

在外厅展出的是中国瓷器和陶器。在外面的空地上展出的是青铜器，它们都是公元前1500—前1000年的古物，这里的展品应该是青铜器艺术家眼中的好东西，更是考古专家的最爱。

（裴丽珠《北京纪胜》）

为什么叫紫禁城

紫禁城是一座近乎正方形的城池，南北约长一千米，东西约长七百八十六米，其四周被一条宽阔的护城河和七米多高的宫墙包围。宫墙、宫殿和小巷的外墙都是红色或粉红色的，但这并不是“紫禁城”名字的由来。法国外交官及汉学家微席叶先生说，“紫禁城”的“紫”是对北极星的文学隐喻。正如北极星被视为整个宇宙的中心那样，紫禁城被认为是整个世俗世界的中心。中文古称北极星为“紫微星”。据记载，秦、汉时期皇帝们所建的宫殿，均是按照北极星与北斗七星的位置来设计和建造的。

（喜龙仁《北京的城墙和城门》）

人物与事件之篇
——谜一般的人与事，待你解读

清朝的几任皇帝

清朝始于顺治，当时他只有六岁，他的叔叔多尔衮出任摄政王，多尔衮出色地履行了自己的职责。顺治二十四岁时传位于康熙，康熙统治下的六十年，清朝在各方面有序发展。他推进满汉民族教育，其中有一本大字典——《康熙字典》就是以他的名字命名的。康熙时期，基督教在中国有了立足之地，汤若望在北京建造了两座教堂。康熙传位于雍正，后来就是乾隆。乾隆时期，清朝可以说是达到了鼎盛时期。再后是嘉庆，嘉庆比较优柔寡断。之后的四位皇帝都受到新力量的影响，每个王朝都是一个转折时代。

（丁韪良《中国觉醒》）

宫廷体制“六部”

1421 年，明永乐皇帝制定了庞大的宫廷体制，共分为六部：管理内政的吏部，管理财政的户部，管理所有仪式并负责安排皇帝节庆、祭祀典礼的礼部，管理骑兵护卫队、战争海事的兵部，负责审判的刑部和负责国家建筑的工部。这六部之外，还有几个重要的机构，如管理皇室皇亲事务的宗人府、管理皇帝和宫廷事务的内务府，还有都察院、总理衙门和军机处。

（立德夫人《我的北京花园》）

我所看到的慈禧

在慈禧七十大寿的宴会上，我被邀请发表祝酒词，这对我来说是件尴尬的事，因为我在1900年公使馆被围事件中也是躲进英国公使馆避难人员之一。但是我还是接受了此任务，并引用英国法律为太后开脱："凡是国王所做的事都没有错。"我把所有的错归咎于她的大臣，同时高度肯定了她的才能和对公共事务做出的贡献。

现在的问题是：我们真的了解慈禧和她的本性吗？难道我们没见过在圣路易斯展出的卡尔女士为她画的像吗？如果我们怀疑画中极具风韵的慈禧是因为画家有意讨好她，一大堆能显示慈禧太后各种高贵姿态的照片还不是见证吗？我们有必要去奉承一束阳光吗？当然我们可以像照镜子看自己那样仔细端详她。

卡尔所绘慈禧画像

画笔、阳光和人们批评性的文章并不能掩饰她的本性。我们可以肯定地说，我们既看得见她的外貌，也能读懂她的内心，如同我们了解欧洲王位上的女性那样。她比欧洲的女王们稍微矮一点，但身材匀称，举止优雅，威严气质不输欧洲女王。与其说她长得漂亮，倒不如说她长得让人赏心悦目。她不像一般人那样是黄皮肤，而是淡棕的肤色，浓黑睫毛下的双眼炯炯有神，黑色的眼球随时会露出善意的微笑或咄咄逼人的寒光。没有人会觉得她已年过四十。她手里拿着书简，在交谈中记下重要信息。她的笔就是她的箭，用来签署诏令。她还书写书法赏给大臣，凡是得到赏品者都把她的墨宝挂在自家，当作炫耀的资本。

（丁韪良《中国觉醒》）

太后接见并授予我女官之职

4月1日，按照安排，皇帝接见你的父亲，然后我觐见太后。你父亲带了四个公使，我带了坎贝尔小姐及一个翻译。太后授予你父亲双龙勋章，还把一幅她画的画作为礼物送给你的父亲。你父亲接受了嘉奖，并对太后说，他将把这幅画交给美国国会保管。太后先以国家级的礼仪形式接见我，然后我们以普通女人的身份一起聊天。我向她描述了我在中国南方的见闻和那里的特产，还讲了那里的人们是怎样为她祝寿的，我们还谈到那里生产的丝绸、兴办的教育，她以极大的兴趣听我娓娓道来。太后还授予我女官之职，我是第一个得到这个殊荣的外国人。皇后还派人把其他精美的礼物送到我们的公使馆，每个礼物上都写着祝福的汉字。

在我与太后告别的时候，她叫住我，太后的翻译把一块鸡血石玉佩放到我手中说："此玉佩乃太后随身物，现在送与你，望你戴着它远渡重洋，平安回到家乡。"我认为这是太后送给我最好的礼物，直到今日我一直把它戴在身上。

（萨拉·康格《北京信札》）

太后送我的礼物

今天我们收到太后赏赐的礼物，是个黄色锦盒，里面有两块黄色玉佩，这礼物是太后送给我们外孙女的。这真是两块莹碧无瑕的玉佩，可见太后是多么关心我们的小外孙女啊！而且这是太后第一次给外国小孩赐礼物呢。

8月初的一天，我陪卡尔女士进宫为皇太后画像。那天，太后热情地接待了我们，陪在太后身边的有皇帝、大公主、裕太太和她的女儿们。裕太太的两个女儿用流利的英语为太后做翻译。太后坐下来画像时，还不停地阅读公文，时而露出凝重的表情。为太后画完像，用过膳，她拉着我到戏楼，边和我聊天，边给我戴上一副漂亮无比的手镯。

（萨拉·康格《北京信札》）

慈禧太后喜欢葫芦

我个人感觉，慈禧太后更爱雨。她说，雨能使景色更别致，像诗一般。这可能跟北京干旱少雨的特点有关系吧。太后对雨的偏爱是宫中众人皆知的，但宫女们对雨中嬉戏的兴致可不太高。

太后的轿子快速地走在前面，我们的跟在后面，突然轿子停了，我不知何故，看看四周，并没有避雨的地方。这时，太后从轿子里出来，走向石板路旁的葫芦架。葫芦寓意很好，中国人都喜欢，太后更稀罕此物，所以宫中种了很多葫芦，还冠以好听的名字——“宫廷葫芦”。宫廷葫芦的形状是两头一样大小，中间有细细的脖子。这些葫芦大小不等，小的只有一英寸，大的有十二英寸，小的看上去更精致。葫芦架有七英尺高，每根藤都被精心修剪过。太后在雨中走向葫芦架，精美的鞋踩在泥土里，太监想为她撑伞，她并不理睬，而是独自走到葫芦架下，仔细看看哪个葫芦是熟透的，然后命人摘下几个，才回到轿子里。

走了一会儿，轿子又停了，我们到了另一个葫芦架下。这时的雨下得很大，可太后的兴致似乎更高，她又走出轿子，在葫芦架下不停地仔细审视。女官们只能遵命排成两排，太监们则为她们撑着伞。因为太监不能为自己打伞，所以他们个个淋得衣服都贴在身上，水顺着帽檐往下流。

有人为太后放上一把椅子，太后坐下后，命人摘下她看上的葫芦。她自己选了一个，给女官四格格一个，给大太监李连英一个。然后他们开始刮去葫芦的表皮，太后的小手优雅地前后摆动，不一会儿，就把葫芦刮得干干净净。

（凯瑟琳·卡尔《一个美国女画师眼中的慈禧》）

喜欢背诵和读书的慈禧太后

太后的记忆力令人惊叹，让我佩服。她能成段地背出古籍和喜欢的著作，她经常和同治皇帝的一个妃子一起背诗，有时候她们两人半小时不停歇地轮流背，有时两人一起背。背诗时，太后坐在御案前，手里还摆弄些活计。

太后午睡时，负责为她读书的人也会带着书进去。有几次，我

慈禧像

就听到读书人那琅琅的声音。若是太后特别喜欢某一本书，即使在外出游玩时也命人带着那本书，以便在轿子里或游船上阅读。

太后还钟情经典戏剧。她也比较讲究语言的表达方式，追求语言的优雅度。太后说起话来，声音如银铃，魅力无穷，而且节奏感很强，特别是伴着她那优美的手势和丰富的表情，让人感到生动极了。

（凯瑟琳·卡尔《一个美国女画师眼中的慈禧》）

慈禧扮成观世音

慈禧太后喜欢画师把她画成观音的模样，她更喜欢自己扮成观音，让画师给她画像，并让宫女都扮成她的弟子的样子。她让李连英扮成护法大师，命宫廷的画师画出背景图，然后她在背景下让宫廷摄影师为她拍照。

（何德兰《晚清宫廷》）

我收了七幅老佛爷的画

一天，顺福晋府的管家来我家请我夫人到府上为福晋诊疗，他坐在我的书房看到墙上的画，其中两幅是皇太后亲笔画的。

“您喜欢中国艺术？”

“非常喜欢。”我回答。

“我看到您这里的画有些是老佛爷的真迹。”老佛爷就是指众所周知的皇太后慈禧。

“我一共收藏了七幅她的画。”

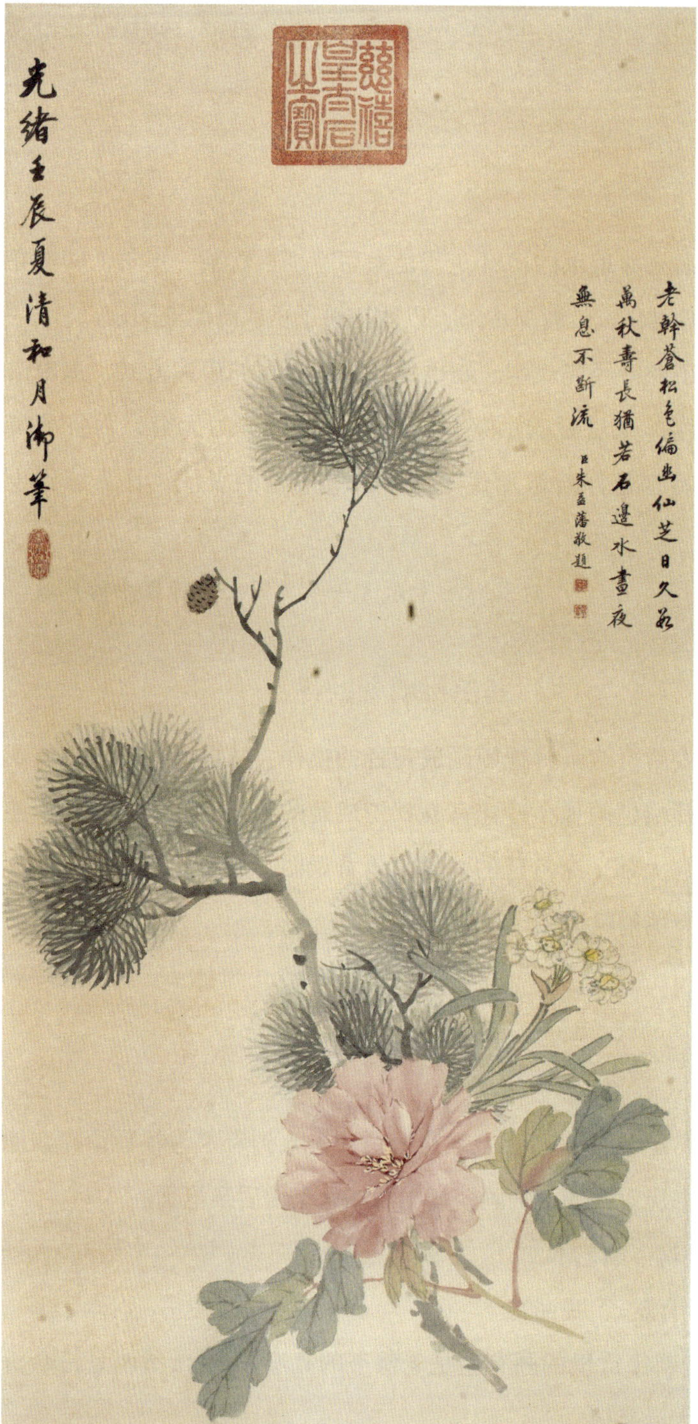

慈禧绘《松寿花卉图》

“那您有太后的老师缪先生的画吗？”

“没有。我一直都想收藏一幅，但没有搞到，我还去过琉璃厂古董街上最好的店问过，他们都没有，也不指点我去哪里买。”

“您当然买不到，她的画从来不卖。”

“真遗憾，”我说，“我非常想收一幅她的画，她可是很有名气的啊。”

（何德兰《晚清宫廷》）

话说对慈禧的评价

对于慈禧有两种不同的评价，一种认为她非常有能力，就是因为她的铁腕统治，才使大清王朝多延续了几年。另一种完全相反，他们认为大清的灭亡主要应归咎于她。据我所知，中国的很多政要都持第二种看法，而西方人士多持第一种看法。当然西方人士中也不乏谴责慈禧的人。比如苏希尔就说：“1908 年的维新运动被慈禧镇压，就是清政府走向灭亡之日。”1900 年，中国的作家文清也发声说：慈禧就是大清灭亡的推手。

在这两种观点中，我个人更倾向第二种。但是，我们也得承认慈禧毕竟是个女人，我们不能把所有责任都推给她，也不能在她死后，把一切坏账都记在她的名下。

如何描述慈禧，不同的人有不同的见解，可谓仁者见仁，智者见智吧，下面是四位美国作家对她的描述：

“这个世界最杰出的女君主也是最放肆的暴君。”

“可不可以称她为 19 世纪后半叶最伟大的女性？”

“历史上罕见的铁手腕。”

“世界上最伟大的统治者之一。”

在紫禁城教书及生活期间，我觉得慈禧确实要对清朝的灭亡负主要责任。慈禧太后的一生都在被那些保守派的人所利用。她最大的缺点就是爱慕虚荣，即使没有人对她阿谀奉承，她自己也会自吹自擂。她曾经对德龄公主说，她是绝顶聪明的女人，没人能及。慈禧太后喜欢别人把她比作维多利亚女王，更愿意人们把她比作伊丽莎白女王。

除此之外，慈禧太后还有一个最大的消遣，就是在颐和园中扮演观音菩萨，向人们赐甘露，身后站着满脸笑意合掌的“天仙”们，太监李连英就是“天仙”之一。

（庄士敦《紫禁城的黄昏》）

小光绪爱玩具

同治皇帝驾崩后，因他没有子嗣，东、西宫的两个太后前往七王爷府，将其府三岁的孩子带回紫禁城，要立他为帝。对这孩子来说，这就是座禁城，他的世界就将圈在这里，高高的墙内没有自由，没有同龄玩伴，只有成千的太监、宫女们伺候在他的左右。第二天，当皇亲大臣们到紫禁城吊唁时，慈禧把年幼的载湉带过来并宣布：“这是你们的新皇帝。”

皇帝年幼，太监们竭尽全力哄他开心。有一次，宫中的太监想为小皇帝买些好玩的玩具，他们跑遍了北京的大街小巷，最终来到东交民巷的洋货店。这家店面很小，但出售的东西让人喜欢至极，有外国玩具和欧美人的日用品。太监们在这里给小皇帝买了一些玩具。外来的玩具中，有些暗藏机关，比如需要上发条才可动起来。小皇帝和其他小孩子一样具有童真，他会把玩具拆开，研究发条的秘密，这样一来二去，太监们在东交民巷这家丹麦人开的店里买了很多玩具。之后，这老板还鼓动欧洲的玩具商为这位小皇帝专门设计生产玩具，他从中获利颇丰。

（何德兰《晚清宫廷》）

光绪皇帝的小火车和小轮船

光绪皇帝的名字有很好的寓意，代表“光明永续”。在我们眼里，他不是一个完美的孩子，但他对新鲜事物充满好奇。

他少年时，听说有一种方法可以让人们在相距遥远的地方互相传消息。因为他接触的方式都是通过信使或驿站来传递消息，所以光绪对此非常感兴趣，立刻就购置了一套发报机，之后还有留声机、火轮车。

皇帝听说现在已有火力驱动的列车，就想自己也拥有一列。于是在紫禁城内的荷花池西面专门修建了一条很窄的铁轨，欧洲的制造商还为他生产了一列有车头、带两节车厢的小火车，皇帝会带着爱妃、宫女坐上火车享受其乐趣。

1901 年，我去紫禁城时还见到了这些设施，但之后，这些东西被当成战利品瓜分了。

再后来，光绪帝又听说外国有火轮船，宫廷又为其置办，我进宫时还真就在荷花池的汉白玉桥旁见到了三艘蒸汽船。

（何德兰《晚清宫廷》）

光绪连年遇灾

天坛是皇家祭祀的庙宇，被视为神圣的地方。光绪继位那年，天坛遭雷击被夷为平地。人们一提起这个话题就惊恐万状，女人们会脸色煞白，男人们则不停地摇头，儒学家也压低声调敷衍，种种表现可见人们对光绪的态度。

光绪是一个被推上皇位的小孩，他和同治是一辈人，所以他不应像拜祖先那样祭拜同治，这也许对大清、对光绪自己都是个凶兆。在光绪治理国家的九年中，发生了一系列的灾难：因干旱所致的饥荒、黄河决堤、日战、疆土被欧洲列国侵吞……更糟的是，光绪皇帝没有子嗣，这就预示皇位将无人继承。

中国人向来认为，大年初一若发生不吉利的事将是凶兆，1898年阴历一月初一就发生了日食，而这年夏天光绪皇帝着手进行的改革失败，他被囚禁于冬宫。

（何德兰《晚清宫廷》）

皇室出逃的乱日

15日，皇室成员从紫禁城北门出逃，但是联军没有追击。美国军队占领了先农坛作为军部，而英军占领了对面的天坛，这两个庙宇都在城内。北堂则涌入大量避难的人，我们经历了一场极为恐惧的抵抗，没有援军。我去看望那些受难的姐妹，听她们讲述悲哀的经历，看到满地的废墟。我现在不能详细地跟你描述。

（萨拉·康格《北京信札》）

婉容皇后的册封礼

11 月 30 日，我受毓朗贝勒福晋的邀请到皇后父亲的府邸，参加婚礼中重要的一个环节——“册封”仪式。仪式将在上午 9 点举行（这时辰是经过反复推敲才确定的），我按约定的时间到达荣府正门。门口两侧摆放了很多盆红色和黄色的花——红色是婚礼中象征吉祥的颜色，黄色是清王朝皇家的象征。街上挤满了观看“册封队伍”的人，人群从紫禁城一直排到安定门（按：原文为“安定门”，实际应为“地安门”）北，即皇后现在的住所。临近街道的入口处都有民国军队的士兵把守，禁止闲杂人等出入。在这盛大的时刻，就连观礼的人都个个满脸喜庆，许多人穿着淡紫色或紫色的衣服。因为此时正值冬季，所以多数人衣服上领口对襟处和袖口都有毛绒边，有人还戴着镶着花朵的满族头饰。

能进入府邸大门的都是受邀的客人、清朝贵族和仪式所需的官员。门里摆放了两把罩着明黄布的椅子，这是为皇后的侍从准备的，他们将在此等到晚上，迎接“凤舆”的到达。那时，皇后将离开这里，乘“凤舆”前往紫禁城并在紫禁城内度过一生。

持有邀请函的人由十名太监引领进门。我进门后，见到了皇后十一岁的弟弟。他戴着一顶帽子，帽子上镶着三寸大小的宝玉，帽子上还有小珊瑚珠和马鬃编成的穗。他穿着紫色带毛边的锦缎礼服，礼服背后中央有个大大的长寿标志的图案。

跟着引导，我穿过好几进的中式庭院，来到一处封闭的院子，院里是按中国传统搭成的喜棚，墙和顶棚是稻秆编成的席子。里面的柱子用红布包裹着，上面挂着无数红色或金色的饰品。双喜标志

册封礼上的婉容皇后
十一岁的弟弟

随处可见，在场的每位满族福晋都把这种图案编织的发饰戴在右侧。羊角灯笼上装饰着“寿”字，垂着长长的流苏。来宾一律穿过席屋，来到皇后的闺房门前，“三跪九叩”然后退下。庆亲王手持皇帝的信物，宣读内务府递交的金册，上面有皇帝的旨意。

可以现场观看册封礼的只有皇后的直系亲属、十二名宫女、六名太监、几个穿着粉色丝袍和浅蓝色丝绸罩衣的侍女，以及我们三四位特邀的美国女士……

我站在离皇后不到 3 英尺远的地方，所以每个细节都没逃过我的眼睛。大约正午时分，皇后跪在闺房台阶的黄垫子上，庆亲王手捧黄绸缎包裹的皇后玺印，穿过垂花门（除他之外，任何男士都不可以穿过这道门），经过皇后身边，进入内室。内室中已经设好神龛，用来盛放玺印。庆亲王将玺印放在神龛正中，两旁是金箔花朵。随后，皇后起身，跟着进入内室，在供桌前跪下，接受金册，上面刻着："郭布罗氏，荣源之女，以册宝立尔为皇后。"

庆亲王用了整整 15 分钟，用铿锵的语调宣读金册内容。然后，他把金册交给"宝皇后"，这是她的徽号，又呈上象征皇家权势的如意。皇后每接受一件，都要由太监扶着，从黄垫子上起身，然后重新跪下。但她不能叩头，因为她头上戴的"宝塔"使她无法弯腰行礼。皇后的吉帽令人赞叹不已，底座是餐盘大小的金板，底部有一圈红羽毛，镶在黑缎上。吉帽中央是宝塔形的三层雕金，上端有一个小宝顶。整个帽子高 11 英寸，估计得有好几磅（注：1 磅约等于 0.45 公斤）重。吉帽背后垂下 5 串珍珠，几乎垂达腰部，其中间用透亮的蓝色珐琅扎住。

宫中送来的皇后的黄绸缎吉服，通体绣着蓝凤和金龙，底部是七彩斜纹刺绣和波纹。考虑到保暖效果，吉服用貂毛镶边，外面还罩一件蓝色绣金无袖长披风。

仪式结束了，宫女们也退下了，但我们需要等皇后脱掉吉服，才能见到她。一想到能在这场盛大的典礼后，亲眼见到皇后，我不禁激动万分。

这个间隙，毓朗贝勒福晋带我看了皇后的闺房。房间不大，有一个很大的传统中式炕，我拿不定它是木制的还是砖砌的，炕占了房间的一端。我估计得有八英尺长、六英尺宽，炕上铺着红绿锦缎，还有一张小茶桌。床头架上摆着一只美国生产的玛瑙时钟，与这里的中式环境不太协调。

毓朗贝勒福晋又带我看了堆满好几个院子的皇后嫁妆，有的扎着黄绳放在红漆桌子上，有的放在红木大箱子里。这些嫁妆包括盖着绣花丝绸的金质和银质的盆，瓶瓶罐罐和梳妆用品，成捆的御赐绸缎，以及装饰用的宝玉、碧玺、翡翠、宝石、瓷器、象牙、漆器；还包括无数双鞋子，一摞一摞的手帕，成堆的织锦、绉纱、绸缎、刺绣；还有薄而轻的夏装，镶毛边的冬装；也有龟甲、香料、麝香；等等。为这些，皇后的直系亲属早在几个星期甚至几个月前就忙着操办了……

然后，我们回到年少皇后的闺房等她。不久，皇后轻轻地走进来，引起一阵小小的骚动。只见她头戴满族传统的旗头，上面的花及发饰极为漂亮，中间有一朵洁白的百合，点缀着许多闪亮的珠子，这满人的旗头还真的不好描述……

皇后看上去十分年轻、娇弱，按中国的虚岁说，她只有十七岁。她文雅地走近我，摇曳生姿，伸出细嫩、冰凉的手，用英语向我打招呼："很高兴认识您。"

她穿着淡粉色的毛边丝袍，上面绣着蓝色的牡丹，身材显得很修长。她大方地看着我，嘴唇饱满，笑容温和。她有着高鼻梁，鹅蛋脸，皮肤光洁，胭脂和口红涂抹得恰到好处。我不禁赞叹："她真有倾国倾城的容颜啊！"可能觉得自己的英语不是太好，皇后没有跟我聊天，而是和我握了三次手。气质高贵的皇后，她那优雅的曲线就像中国古画中的女神……

下午，在喧天的锣鼓声中，皇后的嫁妆被运进皇宫。长长的队伍从街上走过，明天皇后将坐在金色凤舆中，经过东华门，沿着铺满黄色装饰的通道进入大内。

（格蕾丝·汤普森·西登《中国灯笼》）

婉容大婚之礼

今日黎明前的北京，月光皎洁，照亮了北京城的北部，也照亮了使馆区。天空的繁星和街头的灯笼都将见证这场世纪婚礼，朦朦胧胧藏在云雾中的月亮又仿佛让它增添些神秘色彩。

婚礼仪式在 1922 年 12 月 1 日凌晨举行，子夜时分，我离开北京饭店，准备观看这空前的大婚仪式。我来到紫禁城的北门——神武门，北门前面停满了各种各样的交通工具，有人力车、官员的马车、外国人的汽车……我在红灯笼的引导下进到宫内等候。

凌晨 3 点 45 分，此时月亮落去，太阳尚未升起，东华门外传来欢呼声，继而是音乐声，婚礼的队伍出现了。抬着仪仗物品的队伍走在最前面，其后是金册、如意、圣旨、凤冠霞帔，然后是大婚正使庆亲王，最后是凤舆。凤舆的帘子紧闭，旁边还有很多太监，显然皇后已经坐在里面了。抬轿子的太监身穿红黄长袍，轿顶也是皇家专用的黄色，中间是一只大大的金凤凰，四角各有一只小凤凰……

凤舆沿着挂满灯笼的通道到达乾清宫门口，轿夫们将轿子放下，然后转过身去。大太监将轿子的保护栓拉到一边，一位福晋将轿帘掀起，请皇后下轿。在庄严的气氛中，皇后接过象征“保平”的宝瓶，由六位举着灯笼的福晋和女官——其中包括淑妃——引领，穿过代表中国女子所居内宅的垂花门。皇后经过的时候，一位女官大声宣布："男退。"

小皇后离开乾清宫，独自走过交泰殿，来到她的坤宁宫。在坤宁宫门前，福晋、女官和所有一直陪同她的人向她叩头，她在踏入宫门的时候，还要跨过一个马鞍，马鞍上放着两个苹果。

接下来就是婚礼的最后一道程序——合卺酒。首先皇帝轻轻地将皇后带到喜床边坐下，皇后在右，皇帝在左，准备饮合卺酒。两位新人坐在喜床上，接过一对系着红黄丝带的金杯，斟上象征好运

凤舆花轿

的米酒。皇帝和皇后交换酒杯，既不能解开丝带，也不能让酒洒出来，共同饮下这象征幸福的美酒。然后，他们洒酒祭奠祖先。殿外，一对年长的恩爱夫妇咏唱着交祝歌。接着就是吃“长寿面”，还有鸡肉、鸡蛋、饺子，另外还有“子孙饽饽”。这喜宴共有三十多道菜肴，有燕窝、菊花汤、松花蛋、糖、肉、鱼，还有坚果、葡萄等，十分丰盛。各种乐器合奏音乐，时而激昂时而柔美的中国传统乐贯穿整个庆典。所有仪式结束时，已经是太阳高照了。

（格蕾丝·汤普森·西登《中国灯笼》）

皇后的养成

从订婚到举行结婚仪式的这段时间，皇后不能外出，但她可以做一些她喜欢的事情。她可以弹风琴，花大量的时间绘画，皇后很有绘画天赋。

皇后每天上午学习，她有多位老师。在古典文学方面，她下的功夫最多，她必须熟练掌握读写。她还要上宫廷礼仪课，便于以后熟悉皇宫中的礼节和习俗。皇后最喜欢英文课，她的英文老师是年轻高贵的任萨姆女士。可能皇后和她有很多共同语言的缘故，她们甚至还一起画素描。皇后不能亲自上街购物，但是听说她对衣着的品位很高，她会让人把布料呈给她看，从中挑选布料自己做衣服，从中获取快乐。

皇后婚前婚后梳的发式不同。婚前，她喜欢戴一块由玉石和珍珠制成的半圆形发饰，中间是一只同样镶满珠宝、薄如蝉翼的金凤凰，两旁装饰有牡丹或者百合图案。

皇后婉容

皇后会骑自行车，喜欢跟哥哥下棋，陪弟弟打乒乓球。她最疼爱她最小的弟弟，她结婚这年，弟弟十一岁。

（格蕾丝·汤普森·西登《中国灯笼》）

小皇帝宣统的成长年华

我们能看到宣统皇帝在他的英文老师的教育下所发生的改变，小皇帝通过他认识了外面的世界。小皇帝十一岁那年，庄士敦先生成为他的英文老师，这在后宫还引发了一场风波。大部分贵族表示反对，论战最终以更开放一方的获胜而告终。小皇帝不仅很快掌握了英语，而且喜欢上了各类外国文学，以及最流行的报纸、杂志。他对每一件新鲜事物都有好奇心，因此阅读了很多英文原著。

宣统皇帝对很多新发明非常感兴趣，搜罗了很多东西，堆放在房间里。他喜欢体育运动，想学网球，学划船，但这些都没法实现，故骑马成了他唯一可以去做的户外运动。但也只是由一名侍从拉着马在宫里遛圈，很无聊。有一天，他的一位皇叔坐着一辆新车进宫拜见，尽管宣统皇帝非常喜爱这辆车，但是他不明说。他坐在车的前座上，让司机演示如何操作。见此，这位皇叔只能虔诚地希望皇帝接受这辆全新的八缸豪华轿车，可惜皇帝只能在这小小的紫禁城内开开这辆车，车子再精美，也毫无乐趣可言了。

皇帝的好奇心和不懈的努力使得一件件外来的新发明物件不断进入紫禁城。为了庆祝皇帝的生日，民国总统黎元洪询问皇帝想要什么。皇宫的答复是，想要一台手提式打字机。收到礼物的中国皇帝打电话（一种现代的方式）向总统表示感谢。有时，皇帝还会模仿太监的声音打电话给他的老师。皇帝的这些行为不仅是对礼节的反抗，也表明他对现代发明充满了好奇，这样做让他跟外界建立起了更多、更直接的联系。

（格蕾丝·汤普森·西登《中国灯笼》）

皇帝和皇后的接见

上午 10 点半，我乘汽车到达东华门，然后换乘轿子，经箭亭前的庭院，来到太和门前。我走下轿子，步行至乾清宫，那里有民国的士兵把守，有军乐队在演奏，还有很多参加庆典的官员。

我异常激动，因为一会儿我就能进入皇帝的私人领地。我随着各位外交使臣，沿着乾清宫前的大理石路往前走，大红灯笼高悬在两旁的灯杆上，地上摆满了用来叩首用的草垫。一块雕有龙纹和云纹的汉白玉龙陛在大殿台阶正中。我绕过龙陛，因为我深知这龙陛只有皇帝才能在上面行走。这时我环顾四周，所有的地方都装饰一新，一派喜庆的景象。

然后，我加快步伐，和一同来的外国人一起涌进大殿。这时皇帝的龙椅还是空的。龙椅前摆放了一条长长的宴会桌，桌上整齐地码放着各种西餐具、葡萄酒和蛋糕，每个座位上都放着一个银盒。这些银盒是送给女士的纪念品。我的银盒上面画的是一朵红牡丹，我非常谨慎地把它收起来。

我仔仔细细地观看整个宫殿，右边的五扇雕龙屏风后面放着两个大炭盆。炭盆半掩着，还可以看到火苗和轻烟……

大殿的西侧立有一面大玻璃镜，足足有八英尺高，八英尺宽，镜子的木框上雕满了龙纹和云纹。

“皇帝会在哪里呢？”趁人不注意，我悄悄地溜到了大殿的后面，在一个小房间门口，我看到了至高无上的皇帝和皇后，他们离我只有不到十英尺远，我的心开始狂跳。皇帝和皇后此时正在房间里单独接见别国驻华公使，屋里除了皇帝，还有载涛贝勒、庆亲王、庄士敦先生和其他两位清朝大臣，皇后的身后站着两位侍女。

轮到皇帝、皇后接见我了，我向皇帝深深鞠了一躬，然后向皇

紫禁城宫殿中的大镜子

后致敬。这时，皇后认出了我，我们互相笑了一下，她很高兴地对我说："好。"皇后的记忆力真不错。今天，皇后站在皇帝的旁边，仍然穿着册封礼那天的黄色缎袍，只是换了头饰。

站在皇后身旁的皇帝显示出君王的气魄。他中等个子，有一双传神的眼睛和干净的下巴，头发梳理整齐，给人很清爽的感觉。

今天，他没有戴皇冠，只戴了一顶中式的黑色缎帽，帽子上有一颗夺目的珍珠。他穿了一件紫色镶白狐毛边的长缎袍，上面绣着龙的图案。

（格蕾丝·汤普森·西登《中国灯笼》）

我的学生溥仪

皇上写得一手相当漂亮的字，他每天要花大量的时间练习书法。每逢万寿盛典和阴历新年，他都会写一些字送给王公大臣。皇上会在字的下方落款，并印上玺文“宣统御笔”。也许是出于遗传，皇帝和他的弟弟溥杰都具有很高的艺术天分。他们年幼时在艺术方面已很出色，两人不仅擅长书法，绘画技艺也很出色。人们称赞他们写的字内功深厚。溥仪极具幽默感，经常画一些小漫画表达自己内心

皇帝手书送给老师庄士敦的扇子

的情感。几年下来，我收集了不少他的漫画。这些画基本上是他的随笔写意，有的是奇闻逸事，有的来源于报纸上的故事，还有关于宫中生活的趣事。

从我担任溥仪的老师起，就和他建立起良好的关系，随着时间的推移，我们之间的友谊也加深了。我在这位皇帝身上发现了很多优点：聪颖才慧、待人真诚、关心时事、宽宏大量、心地善良、关心弱者、机智勇敢、风趣幽默。最初我教他英语时，他兴趣不高，也没有想学到精通英语的程度。反之，他对时事更感兴趣，如《凡尔赛和约》前后的欧洲局势、地理旅游、基础物理、天文、政治、英国宪法史、中国政治形势的变化等。我们用汉语讨论这些话题，交流彼此的看法。

（庄士敦《紫禁城的黄昏》）

帝师和他的学生

尊师重道是中国的传统，中国皇帝的老师除了享有某种特权外，地位也很高，不亚于执政大臣。这点外国人很难理解，若你没有中国旧礼仪的知识，就更难理解其中的奥秘。丁韪良曾说：“中国是世界上最尊敬老师的国家，不仅仅是在日常生活中，而且表现在灵魂中，老师的称呼体现出人们对老师的崇拜情感，中国的祭祀传统就把‘师’与‘天、地、君、亲’刻在碑铭中。”

中国古典著作中有这样一段文字：每个人一生中应该有三个人值得他为之全心全意服务。一是给予生命的父亲；二是教他人生哲理的老师；三是治理国家有方的君主。在另一文中又提到，没有父亲，则无我；没有君主，则无社会进步；没有老师，则没有智慧。如果我们翻阅中国的启蒙教材《礼记》也会发现同样的文章。当一个学生在街上遇到老师，要停下脚步，上前鞠躬行礼，如果老师对他说话，必须给出恰当的回应；若老师沉默不语时，就要马上回避。（注:《礼记》原文为“从于先生，不越路而与人言。遭先生于道，趋而进，正立拱手。先生与之言则对；不与之言则趋而退”。）学生应该责无旁贷地侍奉老师，只要老师在世，就要热心待之，若老师过世，还要守孝三年。

在我之前，皇帝已有了四位帝师，其中一位是满族人，其他三位都是汉族人。第一位帝师是伊克坦，满族人。他为人谦和，交友甚广，他负责教皇帝满语。第二位是梁鼎芬，广东人，他三岁开始读书。幼年时，受常到他家做客的儒学雅士们的影响，喜欢诗歌和剑术。在其父的教诲下，严守君子自律之道。考中进士后，他走上仕途，后成为皇帝的老师。在我担任帝师的那年年底，他就过世了。皇帝的第三位老师是陈宝琛，在宫中威望很高，有“太保”的尊称。陈宝琛，福建人也，精通诗书，他讲一口标准的北京话。1919 年，他已七十二岁，但仍精神矍铄。陈帝师，天资聪颖，1868 年考中进士，但由于戊戌变法惹怒慈禧太后，被迫回乡，其间他经历了一段美好的治学生涯。慈禧太后去世后，摄政王选中了陈宝琛作为帝师。我开始为皇帝授课时，陈宝琛已经给皇帝当了八年的老师。很快，我发现我和陈宝琛有共同的爱好——喜欢游山玩水。虽然他已古稀，但我们经常一起外出游览，欣赏大自然的湖光山色。还有一位是朱益藩，江西人，比陈宝琛小十岁（按：应为十三岁），他曾是翰林院

合影（左至右）：庄士敦、溥杰、润麒、溥仪

的侍读。朱益藩一生仕途顺利，曾任陕西督学、山东提学使、宗人府府丞，在北京享有很高的声望。在我和他的交往中，发现他为人直白、坦诚，但是思想比较保守。

我在 1919 年 3 月至 1924 年 11 月担任宣统皇帝的老师。

宣统皇帝每天要在毓庆宫修习功课。毓庆宫开了一个门，连接另一个院子，院子左边的房间供老师们歇息，有专门的人伺候茶水。

毓庆宫的主殿坐东朝西，老师们大多由神武门入宫，有的也因住所的位置而从东华门或西华门入宫。如果老师们乘坐汽车或马车而来，要先将汽车或马车停在皇宫的门外，换乘轿子再到目的地。一路上，老师们会向宫内守卫点头问候。在所有老师中，只有我一人坐轿子进宫，偶尔也会骑马进宫。行至景运门，老师们都要下马、下轿，然后步行一段路到达毓庆宫。之后，老师们在院中的房间休息片刻，等待皇帝。皇帝坐着一顶金色轿子，由十二个人抬着来到毓庆宫，此时，老师们需站立，等皇帝入座。待皇帝准备停当，仆人会传唤老师。于是老师应声走出休息室，进入书房，向站在书桌后的皇帝鞠躬。之后，皇帝和老师同时坐下，皇帝面朝南而坐，老师坐西朝东。

最初，皇帝的课表是：夏天每天早上 5 点半上课，冬天早上 6 点上课，下午 3 点半左右结束。皇帝的假期：农历春节放三周假，夏季放一个月的暑假。

在我最初教学的日子里，是不允容许和皇帝单独接触的，教室里会有太监侍立，还有其他老师和内务府大臣。但是，后来他们渐渐地都在我的课堂里消失了。

1920 年，为了更快地提高皇帝的英语会话能力，我建议皇帝找个陪读。我原选中了溥佳（载涛的儿子），但出于某种原因又加上了溥杰和毓崇，这三个意气风发的少年均成为皇帝的伴读，还被赋予了官衔。

也许是因为我的缘故，皇帝的生活发生了变化，他对英语感兴趣了。随着认识的外国人越来越多，皇帝想让我帮他取个英文名字，用于给我或西方人的信笺上，最后皇帝在我列出的众多名字中选中了亨利这个名字。

（庄士敦《紫禁城的黄昏》）

溥仪第一次出紫禁城

到了1920年，皇帝的生活已经有所改变，他开始用更多的时间工作或从事娱乐活动，而不太按宫中的礼节做事，比如：宫里规定皇帝出行必须是乘金色轿辇，但他却在宫中自由奔跑。宣统皇帝一直想到紫禁城外面去看看。尽管他多次提出要求，但身边的大臣都以种种理由阻止，使得他看外面世界的愿望一直未实现。

宣统皇帝终于获得了出宫的机会，但却让他很悲伤，他的生母醇安王妃9月30日过世了，就过世于醇亲王的北府，那里也是宣统皇帝的出生地。10月初，他要前往北府吊唁，但只能在北府停留半日。

皇宫和北府中间隔着景山和鼓楼街道，当时这些地方全布满了士兵。皇帝出宫必须走神武门，可当时是民国时期，神武门三座门的两个旁门都是关闭的，而中间的门只有总统才能出入。在这特殊时期，民国政府还是给了宣统皇帝特别的礼遇，允许他的汽车从神武门中间的门洞通过。皇帝一行的汽车驶出神武门，街上站满了前来观看的人，他们都想亲眼看看这位年轻皇帝的真容，人们默默地满怀同情地看着皇帝的汽车驶远。

此后皇帝坚决要买一辆自己的汽车，但民国政府和皇室规定，

溥仪在房上留影

皇帝外出能去的地方只有北府和帝师府。

在这件事的前不久，皇宫里发生了一系列使皇帝不悦的事件。一是4月21日，庄和太妃去世，宣统皇帝宣布宫中为太妃守丧三十八天，其间曾服侍过太妃的太监们为争太妃遗物竟在灵堂争执不休。一些大臣和其他太妃都劝皇帝为保皇家颜面，不要声张，悄悄进行处理。结果，闹事的太监既没有被惩罚，也没有归还遗物。另外就是宫中的贪污行为，比如：皇帝为修使馆区曾拨款八万美金，而负责修缮的工人只得到八十美金；还有一次是皇宫里举办的节日庆典，这个庆典其实很简单，但是皇宫却支付了大量的钱财，甚至拿出很多玉器、瓷器作抵押。

（庄士敦《紫禁城的黄昏》）

溥仪之戴眼镜

1921年，我发现皇帝视力不太好。我意识到，皇帝经常感到身体不舒服，伴有头疼，这是和眼睛过度疲劳有关系的。有一次，我发现皇帝看时间时只看墙上的大钟，而不看书案上的小钟表。问询后，我方知皇帝根本看不清案上小钟所指示的时间。我即刻告诉醇亲王和内务府的大臣，但他们却不理睬。我提议请外国医生为皇帝治疗，也遭到端康太妃的反对。于是我提出，若不答应我的请求，我就离职。最后还是皇帝出面，让我负责请人为他治疗眼疾。11月7日，霍华德教授接到了我的邀请信，他是一位优秀的美国医生，正在北京协和医院任职。次日，霍华德教授和李景模博士进宫为皇帝做检查，结果是：皇帝患有非常严重的近视，伴有其他眼疾，必须戴眼镜矫正。当霍华德教授得知皇宫阻止皇帝戴眼镜时，非常震惊。皇帝戴上眼镜后，感觉好了许多。时间久了，他就一直戴着眼镜。

（庄士敦《紫禁城的黄昏》）

溥仪的婚礼准备

皇帝订婚的时间是1922年3月11日，那日皇室发布第一道诏令，到12月1日婚礼，皇室将不断发布各种诏令。

3月17日，皇后乘专列到达北京，住进其父亲的府邸，就是离神武门三四里远的一个叫帽儿胡同的地方。这时，这住所被称为“后第”，意为皇后的宅第。

4月，皇帝着礼服到寿皇殿祭拜祖先，去太庙向祖先宣告婚典的日期。

大婚前，还要做三件事，一是“纳彩礼”；二是“大徵礼”；三是“册封礼”。这些仪式都由皇室择吉日举行……

（庄士敦《紫禁城的黄昏》）

为皇后“揭盖头”

现在到了皇后该下轿子的时候了，根据宫廷礼仪，这时只能女人和太监在场，所有的亲王和大臣要离开大殿，然后门关上了。

几位福晋和太监把皇后扶下轿子，穿过后门来到坤宁宫。她十六岁的夫君——宣统皇帝已经在那里等候迎娶她了。一会儿，皇帝将要揭下盖头，这也是他第一次看见自己十六岁的新娘。

（庄士敦《紫禁城的黄昏》）

溥仪招待会上致辞

结婚典礼的第二天，宣统皇帝举办了一场清朝有史以来第一次针对外国人的非正式的招待会，有近二百位外国人应邀来到乾清宫。除了品尝糕点外，每人还收到了一个银盒包装的纪念品。因为招待会是非正式的，就在西暖阁的小房间举行，皇帝没有坐在龙椅上。皇后也参加了这次招待会，他们和来宾一一相见，皇帝和皇后的两边站着两位福晋。参加招待会的还有两位内务府大臣以及四名负责介绍客人的官员。

参加此次招待会的几乎都是外国使者，准确说是驻民国大使，

溥仪婚礼后接见外国公使

他们都是以个人名义来参加招待会的。

待所有人都进入大厅后，执事官通报：皇帝即将致辞。片刻，大家都安静下来，皇帝来到御座前的台阶上，他用缓慢但清晰的英语说："今日，我很荣幸在此欢迎来自世界各地的友人，感谢各位莅临，祝大家健康隆昌。"之后，他从梁敦彦的手中接过一杯香槟，向面前的来宾致敬，然后举杯饮之。

（庄士敦《紫禁城的黄昏》）

婚后的观戏

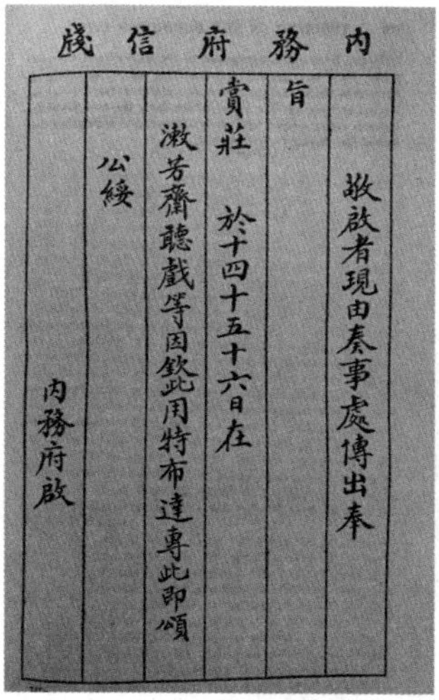

内務府信牋

敬啟者現由奏事處傳出奉
旨
賞莊 於十四十五十六日在
漱芳齋聽戲等因欽此用特布達專此即頌
公綏
内務府啟

邀请函

婚后三天，宫中戏院上演了各种戏剧，只内廷成员才有资格观看，能有资格被邀请去观戏，是件让人感到无比荣耀的事，我有幸收到了邀请函。

三天里，中国很多著名的戏剧演员参加了演出，共三十三部戏。看戏时，满族和蒙古族的王公贵族都穿着礼服，头戴花翎，但皇后及所有女眷都坐在屏风后赏戏。

（庄士敦《紫禁城的黄昏》）

建福宫大火

皇帝开始对皇室的财务进行调查。这天他发了一道诏令，阐述他对内务府的开销不满，要求从六百万减至五十万，还要对皇室内的珍宝进行抽检并查看账目。检查中，皇帝发现很多珠宝都不翼而飞，这让皇帝十分恼火，他下令要对宫中的空房子及存珍宝的宫殿进行认真检查，重点检查建福宫。但是 6 月 27 日清晨，一场大火把建福宫化为灰烬，被烧毁的珍宝多达六千六百件，其中有画卷、金佛、艺术品和书籍。内务府负责调查失火的原因，但最终也没有给出满意的调查结果。

建福宫大火是一场劫难，但也有好的一面。清理废墟后，这里成为皇帝的娱乐场所，他可以自由地在这里进行户外活动。后

建福宫失火后

来我们还举行了一场网球比赛，我和皇后的弟弟一组对抗皇帝和溥杰。

（庄士敦《紫禁城的黄昏》）

万寿盛典

在皇宫，皇帝的生日叫“万寿”或“万寿盛典”，是在乾清宫前的广场上举办的隆重大典。流程是：（一）皇上亲自或派人到奉先殿向祖先祷告，保佑皇室江山。（二）亲王、郡王、贝子、大小官员和皇室人员，在8点前进入皇宫，到达乾清宫广场，向皇帝恭贺万寿无疆。（三）升殿仪式。皇帝登上龙椅，落座。音乐开始鸣奏，乐停。醇亲王代表众臣向皇上祝贺，并用双手捧着一只玉如意，将它献给皇帝，祝他万寿无疆。皇帝会在醇亲王登上御台阶的时候接过玉如意，然后，醇亲王鞠躬退出大殿。（四）其他亲王、郡王、贝子、大小官员和皇室人员在司仪的指令下向皇帝叩拜。（五）皇帝的老师、内务府大臣及二品官员向皇帝叩拜。（六）皇帝换下朝服，接见前来祝寿的人员。（七）开始宴席。

（庄士敦《紫禁城的黄昏》）

我看清廷内务府

前文已经说了很多内务府的事，现不再赘述，只来谈谈它的弊端。

我和多数西方人士都认为，清朝灭亡的原因，其一是皇族的软弱和愚昧，皇帝错用奸臣；其二就是内务府对皇室的控制。1899年的废黜光绪事件中，内务府中的保守派起了很大的作用。

另外，紫禁城管理财产的人多是内务府要臣，他们在朝中地位尊贵，但不善于管理账目，而大多交于手下处理。于是就形成了一个庞大但无效的机构，况且有些人还利用权力营私舞弊。内务府还有一个特点，它可以影响国家的政治。除此之外，还有一个无人可比的优越权，内务府与皇帝关系密切，地位很高。何以见得？大家知道军机处是皇帝处理国家政治大事的机构，保密系数高。但它必须要得到内务府的支持，实际上很多军机处成员也是内务府成员。

内务府有些官员在任职之前就费尽心机谋到这职位，一旦上任，就会不择手段利用职务之便勒索钱财。内务府腐败无能，带给大清的损失不可估量。蒙田就曾引用卢卡的话“清白的人无法在朝廷中生存”来证明内务府的状态。

尽管内务府有诸多不是，但内务府内也有几人值得我敬佩。

1919 年担任内务府总管大臣的世续，他是一位才华出众之人，辛亥革命前就在朝中供职。他很廉洁，举止大方，谈吐优雅，但在财政上对下属比较纵容。

1922 年世续过世，绍英接任内务府总管大臣，他也是皇族大臣，曾以委员会成员身份出国学习西方制度。绍英心地善良但缺乏勇气，进取心也不足，因此不是很胜任这项工作。

绍英之后是耆龄，他和醇福晋是嫡亲，此人善于察言观色，很会做人。

再后来是宝熙，他曾在山西做过学政，是庆亲王和陈宝琛的嫡亲。另外和宝熙一起来内务府供职的还有皇后的父亲荣源。还要说明一点，1923 年以前，内务府任职的官员全部是满族人。

（庄士敦《紫禁城的黄昏》）

一种特殊的“报纸”

1919 年已是民国八年，但在紫禁城内仍沿用皇帝的年号宣统十一年。紫禁城内发行的一种报纸可谓是历史上发行最早的报刊，据说唐朝就有了。不过这种报纸和真正的报纸相差甚远，它基本上未经编辑，格式比较简单，内容也有限，并且它只在皇宫内流

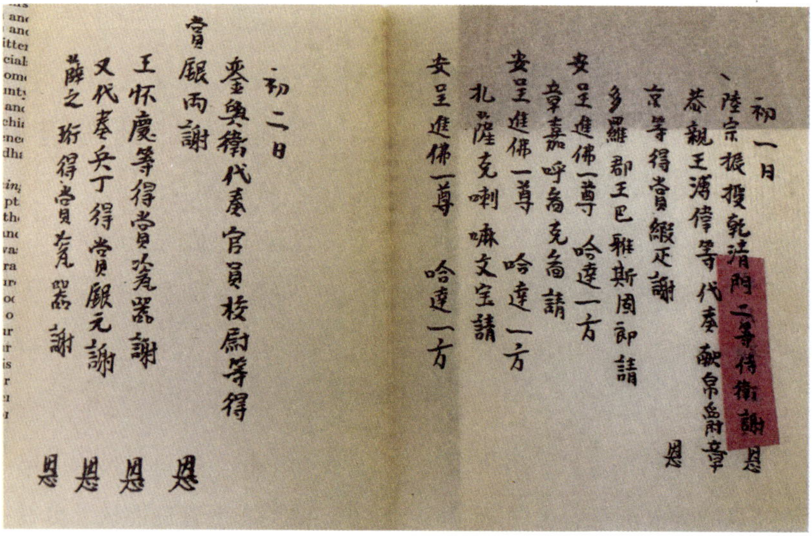
初一日
陸宗振授乾清門二等侍衛謝恩
恭親王溥偉等代奏獻帛爵章
京等得賞緞疋謝恩
多羅郡王巴雅斯固郎請
安呈進佛一尊 哈達一方
章嘉呼圖克圖請
安呈進佛一尊 哈達一方
札薩克喇嘛文宝請
安呈進佛一尊 哈達一方

初二日
鑾輿衛代奏官員校尉等得
賞緞兩謝恩
王怀慶等得賞瓷器謝恩
又代奏兵丁得賞緞元謝恩
薩之珩得賞瓷器謝恩

宫廷报纸

通。因报纸都是手写，故发行量较小。比如 1922 年 1 月 28 日和 29 日发行的报纸，正好是阴历正月初一和初二的报纸，时值春节。当天的报纸用的是红纸，上面记载了皇帝赏赐民国将领和大臣的事。

（庄士敦《紫禁城的黄昏》）

溥伦夫妇来访

我想跟你讲讲溥伦贝子的故事。他的地位与皇帝差不了多少，他是出使美国圣路易斯博览会使节之一。一次他来拜访你父亲，临别时问能否允许他下次带夫人一起来，并请何德兰夫人当翻译。

溥伦一家

溥伦福晋来访那天，溥伦坐马车先到，随后福晋的红色轿子就到了。这是她第一次到外国人家做客，你父亲、溥伦和威廉先生一起谈天说地。我们女士就聊天，然后一起到餐厅用餐。用餐后，女士一起到书房。福晋的声音悦耳动听，她说话很得体，举止优雅，眉清目秀，穿的衣服漂亮极了。后来，我们对溥伦贝子进行了回访，他们热情地招待我们，我们还同桌进餐。溥伦福晋还带我们参观了他们的居所，房间布置得非常优雅。我们还见到了他们的孩子，稍大的两个小家伙彬彬有礼，举止优雅。我还抱起他们最小的宝宝，那宝宝一声都没哭，而是静静地、好奇地看着我。

（萨拉·康格《北京信札》）

摄政王载沣

因新皇帝溥仪尚未成年，他的父亲醇亲王载沣遂被任命为摄政王，这在当时应该是明智之举。因为载沣是光绪的弟弟，也是赞成1898年光绪改革的人员之一。虽然光绪没有亲生儿子，但若他自己选继承人，也一定选溥仪，旨在把改革继续下去，况有醇亲王当摄政王可以辅佐皇帝实施改革。另外，可以肯定的是，醇亲王也是太后选出来的，这样可以为她所用。

醇亲王载沣是七王爷的儿子，咸丰皇帝和太后的侄子，也是道光的孙子，他慈眉善目，双眸炯炯有神，双唇厚实，极具亲和力。

醇亲王与港督亨利·布莱克合影

他勤奋有智慧，但不善言辞，个头较小，但走路昂首挺胸，颇有亲王范儿。

（何德兰《晚清宫廷》）

醇亲王的摄政

现在我们来说说 1908 年，这一年光绪皇帝和慈禧太后相继去世。关于皇帝的死因，可能是因他参与了改革而没有详细的记载，再者我也不愿意赘述宫廷政治事件。

我只谈谈皇位继承一事。光绪没有子嗣，因此要从他的侄子辈中选一个继承人，按中国传统就要从本家兄弟的孩子中挑一个（虽然他自己已是破例），他的兄弟之中醇亲王是首选。醇亲王曾于 1901 年因克林德事件赴德国进行官方道歉。回国后，慈禧太后就为他指婚，将荣禄的女儿许配给他，并承诺只要他们生了儿子，就可以继承皇位。太后似乎信守了这个承诺，1906 年他们喜得贵子，取名溥仪。在光绪弥留之际，太后下令将未满三岁的溥仪从他父亲的北府带进紫禁城，从此直到 1924 年，溥仪一直住在这个“家”里面。宫廷以光绪皇帝的名义发诏书称：他遵守太后的懿旨，立溥仪为大清继位人。

事实上，皇帝到底知不知道立溥仪一直是个谜，但是非常清楚的是，他从没有见到这诏书，更不用说诏书上的内容了。

醇亲王载沣，即溥仪的父亲，因此被任命为摄政王。起初，大家觉得很正常，毕竟他是年幼皇帝的父亲，孩子尚小，需要一个人辅佐，摄政王的职位非他莫属。况且他还是光绪皇帝的亲弟弟，地位尊贵，把这大权交到他手上也最合适。但是老佛爷自己也不会想到，这个任命决定是她一生中最后一个也是最大的一个错误，这对大清政府及全国来说都是灾难。她没有意识到任命摄政王最主要的是看才能，这个致命的错误使大清的江山不保。

摄政王上任后，朝中大臣立刻发现他不能胜任，也有人认为这就是大清灭亡的前兆。当时有一种说法："清朝因摄政王而兴，亦因摄政王而终。"前者指清朝第一任摄政王，即顺治的叔叔多尔衮；后者就是醇亲王载沣。

醇亲王本性善良，和蔼可亲，但他痴迷中国戏剧，而不是国家大事。且他生性懦弱，毫无主见，遇到突发事件就毫无头绪。他还特别容易受到蛊惑，听信谗言。自他当摄政王后，很多心术不正的大臣经常蒙蔽他，致使他做出很多错误的决定。

（庄士敦《紫禁城的黄昏》）

庚子年（1900）的变化

1897 年，德国要求清政府割让胶州。次年，俄国从清政府手中得到旅顺，租借期为二十五年。英国、法国也分别以租借形式得到了威海卫和广州湾。有中国人呼吁抵制外国人对中国领土的瓜分，有些义和团成员进入直隶省，欲进入北京，这时公使团也开始调兵到北京，保卫他们的租界。

1900 年 6 月 20 日，德国公使克林德要去总理衙门进行请愿，在路上他被一名着军装的中国士兵击毙。身受重伤的秘书逃回公使馆报信，于是所有公使馆的大使及家眷还有工作人员都躲进英国公使馆

庚子之乱激化的导火索——克林德事件

避难，樊国梁主教带其手下及四十名海军陆战队员在北堂进行防御。当晚我们遭到炮击，在之后的八周内，我们日夜受到猛烈的攻击。

8 月 14 日，盖斯利将军率先遣部队进入英国公使馆。

朝廷因极度恐惧，一行人于 8 月 15 日仓皇逃往西北，把北京城再次拱手让给了洋人。

（丁韪良《中国觉醒》）

大名鼎鼎李鸿章

中国人在海外有名气的一是孔子，二就是李鸿章。李鸿章做了二十年的直隶总督，他的哥哥李瀚章曾任湖广和两广的总督。各国使节欲见皇帝必须先见李鸿章，有他的引荐才可。李鸿章平易近人，写得一手好文章，早年科举中崭露头角，后中举人和进士，入翰林院。

李鸿章除文采外，对朝廷也忠心耿耿。在他任职直隶总督的二十年间，官职一直很稳固，这点无人可比。他策划了一个又一个的改革计划，并为之努力行动。在他的帮助下，清军建立了水师，装备了两处海军要塞，创办了船政和武学堂；并开办了煤矿，组建了商船队，在贸易领域和外国进行竞争；还装备及训练了十万新军；另外，把计划与西伯利亚相接的铁路修建至长城的终点。

最重要的一点：李鸿章善于用人。

（丁韪良《花甲忆记》）

李鸿章为我指门径

为了能接触到总理衙门的官员，我们做了一些准备工作。那个时候，总理衙门有八位成员，恭亲王是首席总理大臣。所以我先拜访了李鸿章，请他帮我写一封见恭亲王的介绍信。因对日战争中的失利，李鸿章当时比较失宠。我是9月17日前去拜访的，那天我的笔记中摘要如下：“总督大人十分和蔼可亲，并请我和他共进晚餐。吃饭的过程中，他说了一些对我的赞美之词。”

9月23日下午3点，我再次拜访了前总督李鸿章。这次，李鸿

李提摩太与翰林成员的合影

章表示，他非常希望我留在北京，同时给翰林们开讲座。另外，他也提到，翁同龢生性多疑，天赋不足，但有一颗半信半疑的心。

9月26日，我收到毕德格先生的邀请，请我在塔利饭店共进晚餐。我在那里见到十位翰林。第二天，我带着写给翁同龢的信稿，请李鸿章修改。李鸿章建议我，在同总理大臣翁同龢会见之初，我应该先表达一下赞美之意，再引出一系列问题，请他作答。结束和翁同龢的会见时，无论会谈顺利与否，都要强调国家存亡的重大责任都落在他一人身上。李鸿章还花了半个小时向我说明，我在接受会见时应该畅所欲言，以有说服力的例证，使翁同龢充分理解情况的紧迫性。他还告诉我，恭亲王和翁同龢两位官员大相径庭。

（李提摩太《在华四十五年》）

拜访恭亲王

我想拜访恭亲王，就请李鸿章为我写封引见信。但是他没写，他说恭亲王听说过我的大名，也读过我的书。如果我自己写信请求拜访他，他也一定会答应的。这样，前总督大人非常爽快地把我写给恭亲王的信做了些润色。

恭亲王是咸丰皇帝的弟弟，在1860—1861年担任过清政府全权代表，挽回了当时的局面。他是我见过最傲慢的人，处处显得高人一等，行为作风表现得跟救世主一样。据说他是朝廷里唯一能让皇太后害怕的人。他和太后之间争端不断，很多时候，出于权宜之计，皇太后都顺从他的意愿。

10月30日，恭亲王在总理衙门会见我，同时还有其他七位成员出席。恭亲王让我坐在门边的座位上，以此表示他对我的轻视。一开始，他就提到中国拒绝基督教徒。他说话的口吻很轻蔑。他想当然地认为，基督教徒所遇到的困境都是由他们自己的不忠诚和愚蠢行为一手造成的。当他表达完自己的不满情绪和观点后，我问他，我能否说说自己对基督教徒的看法。他表示愿意听一听。

我指出，他刚刚引用的对基督教徒的控告并不真实，而且中国政府基于这些控告所采取的行动更不公平。我在中国待了数年，走过很多省市，目睹基督教徒做了大量善事。我是最了解真相的人；而他（恭亲王）生活在北京，听到的是传闻，事实已经被严重误传了。我深信，只要恭亲王了解关于基督教徒的所有事实，以他的正义感，一定会马上结束这些教徒的痛苦遭遇。那天，我不是以我个人的身份，不是作为代表一个国家的大使，而是全世界所有基督教徒的代表，请求他任命调查委员会，来澄清对基督教徒的指控。我提出，如果我们的确犯了罪，那我们不会逃避正义的惩罚；但如果我们是无辜的，我相信恭亲王会公正地对待我们，就像给中国其他宗教自由那样，给基督教同样的自由。

恭亲王离开后，李鸿藻走过来，感谢我非常坦诚地对话恭亲王。李鸿藻是皇帝的老师之一，也是总理衙门的大臣。他说："我们当中没有一个人敢像您一样反驳恭亲王。既然您有自己的请愿，又以如此尊重的方式呈现于他，他就不会有被冒犯的感觉。您这次拜访应该是有成效的。"他同时也感谢我曾送给他一本我翻译的书《十九世纪史》。

（李提摩太《在华四十五年》）

恭亲王奕䜣留给我的印象

咸丰皇帝的弟弟恭亲王长得不算英俊，身形消瘦，黝黑的皮肤，一双近视眼，还总是眯着。但他行为举止优雅，说话铿锵有力，而且语速比较快，这使人感到他很刚愎自用，但其实不然。二十五年来，他一直任军机大臣，他有超凡的才智和勇气，在危难时能一马当先，当年（1860）咸丰皇帝出逃承德避暑山庄，年仅三十岁的恭亲王作为朝廷全权代表，在尴尬的局面中表现出尊贵与镇定。当时御林军已溃败，圆明园已被洗劫，城池已失陷，他毫不示弱，与各国公使谈判，竭尽全力争取到了最有利的条款，与谈判对手签订了和平条约，他也因此得到咸丰皇帝的欣赏。

恭亲王以担任总理各国事务衙门的主管大臣而闻名，他也掌管政务的各个分支。他善于聆听下属的意见，作为皇帝之子及另一个皇帝之兄弟，可以说，他具有成为中国当今统治者的良好资质。

我与恭亲王交往密切，曾有一次在一个公开的场合还得到过他的关照。

（丁韪良《花甲忆记》）

李鸿章的葬礼

李鸿章的葬礼是我在北京亲历的最神奇的事。按中国人的丧葬习俗，人死后不能马上下葬，而是要等一个吉时，这些吉时往往要找来大师掐算。中国历史上的重要人物——李鸿章逝世于 1901 年 11 月 7 日，而到了半年之后的 1902 年 5 月 31 日才举办他的葬礼。

葬礼当天早晨，我们被邀请到停放李鸿章棺椁的私家祠堂。葬礼的主角——李鸿章的儿子满脸极度悲伤的表情。按中国习俗，他父亲去世后，他就没剃头，也没刮脸，还穿着很破、很脏的孝服。（后来我听说，这位儿子一路护送他父亲的灵柩，待他父亲下葬后不久，因过度悲伤也去世了，有大臣向皇帝建议让这个儿子继承李鸿章的爵位，因为他的离世是“孝”道的表现。但我看，这也许是个巧合。）

为了不让外人看到李鸿章的棺椁，在祭坛后面拉了一道帷幕，祭坛上摆放着漂亮的景泰蓝瓶和烛台，香火持续燃烧，整个祭坛上落满了香灰，屋子里也是烟云缭绕。祭坛的右边站着我刚才提到的那个儿子，他的左侧站着另一个守孝的人，这人从头到脚都穿着白色的孝服，一副精明干练的样子。他可能是李鸿章的远亲，所以可以看出他已剃过头、刮过脸。祭坛左侧站着的两个人也穿着白色孝服。棺椁前头摆着三个拜垫，左右两个都没有外罩，中间那个垫子有层丝绸外罩。这个垫子是为身份比较高的王公大臣准备的，每人祭拜后，就更换一个外罩。吊唁者进入灵堂后，先要走到棺椁前，然后再跟站在棺椁两侧的李家人行作揖礼。之后，他们就跪在拜垫上行磕头礼。

行礼结束，我们被带到灵堂外的大厅。这里一切都是白色的，

李鸿章一家

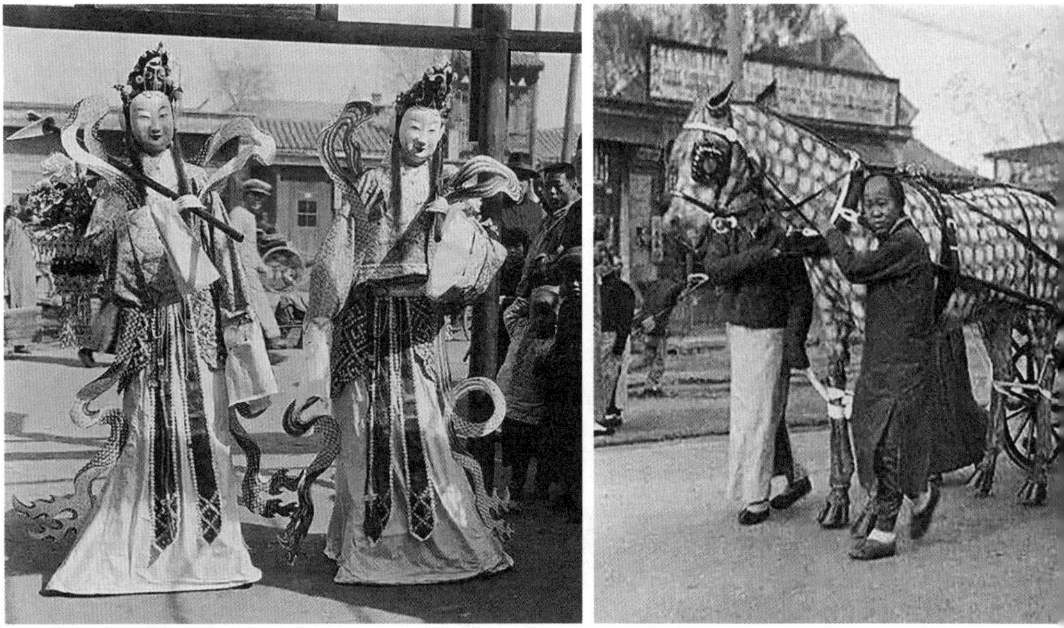

送殡用的纸人、纸马

从窗子里能透过昏暗的光线。在这里，前来吊唁的人们可以享用仆人端上来的茶水和点心。李家特意在灵堂最外边的大门处安排了两名仆人，负责照料出出进进的客人。其间响器班演奏些悲伤的曲子，但是大家没有被这些哀乐所影响，可能是因为这葬礼距死者去世的时间已经比较长的缘故吧。

灵堂外的院子里摆满各种纸糊的动物，尺寸跟真的一般大，它们的皮毛和羽翼用冷杉的干枝条编制而成。我一眼就注意到，里面有只大号的、滑稽的京巴儿。还有很多和真马同等大小的形象逼真的纸马，每匹马都有纸糊的马夫，马夫身上穿着纸糊的官服、官靴，

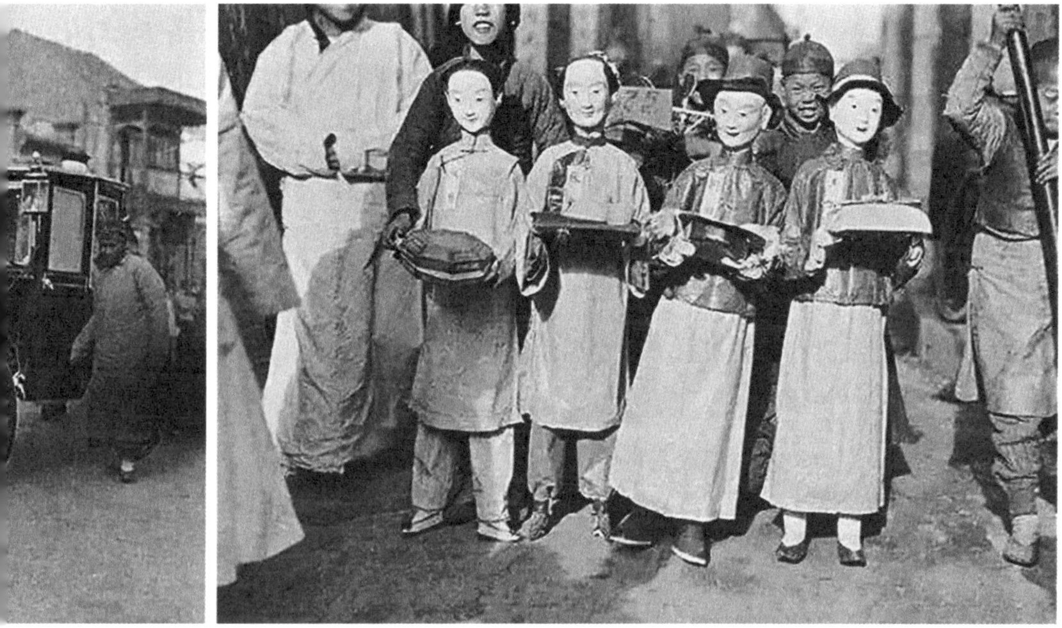

戴着官帽。从远处乍一看，所有这些跟真的没什么两样，可是走近仔细看，你就会不免一笑，毕竟是纸糊的东西。这些东西的眼神都朝一个方向看，脸上显出夸张的微笑。所有这些纸人、纸马，当天晚上都被烧掉了。据说，这样它们会在那个极乐世界侍奉死者。另外，李家人还为他准备了大量的纸仆人、房屋、轿车、箱柜、家具，当然还有一群姬妾。灵堂外面还有很多人手里举着约十英尺长的杆子，杆子上挂着用金字写成的条幅，条幅上书写着对逝者生前品行的赞扬，以及皇帝授予他的荣誉称号。

第二天早晨，我们目睹李鸿章的灵柩从北京踏上返回安徽老家的旅程，他将被安放在祖坟里。中国有习俗，就是人死后，要把灵柩送回老家埋入祖坟。街上皇家卫队肩并肩列队站立。灵柩队伍的最前面是由仆人们抬着的和昨天烧掉的式样相同的另一批纸人、纸马，跟在后面的是由仆人们举着的各种伞盖和红色的功德牌。再后面是负责丧事的李鸿章之子（前面提到的那位），有八个仆人为他撑着白色的伞盖，其他男性亲属跟在后面。因女性不能在公开场合露面，她们就坐在白色的轿子里，跟在后面。终于由四十八人抬着的李鸿章那巨大且豪华的棺椁出现了，上面覆盖着红色和金色的饰有经文的护棺布。紧跟着棺椁后面还有若干辆载着财物的马车，众多身穿苹果绿服装的仆人跟在马车后面，他们头上都戴着白色孝帽。队伍的最后面是各种白色的轿车（马车）和轿子。队伍一路走，一路向空中抛撒各种纸钱和纸银元宝、金元宝。发丧时，天空一直弥漫着沙尘，太阳火辣辣地照在每个人的头上。这情景在北京真是极为罕见。

（苏珊·汤丽《我的中国笔记》）

在公使馆我们的一次宴请

一天，我们在英国公使馆举办盛大的午餐招待会，宴请大清皇室的几位公主。这次宴会没有男士参加，宴会地点是公使馆的餐厅。

这里，在约两年前的那场战斗中，子弹曾打在挂着维多利亚女王巨幅画像的墙上，然后反弹到对面墙上。今天我将以女主人身份招待主宾——慈禧太后的养女、已故恭亲王的女儿和宫中其他公主。我坐在女王画像下面，禁不住感慨在中国的土地上东西方文化交融所带来的激荡与变化。

客人中有长公主，她的父亲恭亲王是咸丰皇帝的弟弟，多年来主持大清帝国的外交事务。公主很小的时候就过继给咸丰皇帝，同时封为固伦公主，是位列大清皇室等级最高的公主之一。公主嫁给了咸丰皇帝手下军机大臣景寿的儿子，但那位新郎还未长大，就去世了。公主也因此成为寡妇，按中国习俗，她从此不再涂脂抹粉。

来宾中地位仅次于固伦公主的是顺承王妃，她的丈夫是大清帝国八大铁帽子王之一。

来宾中的第三位公主是载振王妃，她嫁给了庆亲王的儿子载振。庆亲王现在主持大清帝国的外交工作，载振在1902年前往英国参加了新任英王的加冕仪式。

除了这三位公主，还有庆亲王的三个女儿。其中最年长的女儿是个寡妇，被称为多罗格格，属于大清皇室第二等级的公主；还有个女儿叫元大奶奶，她应该是慈禧侄子的妻子。

午餐的时间定在中午12点半，她们准时到达。第一个到的是固伦公主。我按照礼仪，站在公使馆大门的台阶下面，看着她下轿子，然后立刻过去跟她握手。固伦公主坐的是只有皇帝、太后等人才能坐的黄色轿子。据我所知，公主在皇室内非常得宠，任何王公大臣在街上遇到她的车轿，不但要立刻让路，还得立即跪在路边表示敬意。不久，顺承王妃也到了，我们三个人携手走进公使馆，边喝茶边等候其他客人。来宾陆续到齐，午餐宴会随即开始。

这次午宴是我经历过的最养眼的宴会。公主们头上插满了花朵和各种头饰，身上穿着华丽的长袍，令公使馆的餐厅蓬荜生辉，就连她们仆人身上的蓝色短褂和红色丝绸长袍似乎也为这间屋子增色不少。

我们吃的是西餐，当接过刀叉和勺子时，她们表现出极大的兴趣。有的女士不善使用这些餐具，最后换成了她们习惯使用的筷子。公使馆餐厅的餐具是纯银的，擦得很亮，当这些女士看见自己的影像出现在亮晶晶的勺子上时，居然孩子气地嬉笑了起来。最让我吃惊的是，她们当中居然有人可以解释这种现象，还讲给她的同伴们听。

英国公使馆餐厅

用餐后，我们吸烟，喝咖啡，欣赏院子里罗伯特·赫德爵士组建的乐队演奏音乐。这些演奏西洋乐器的乐手全是中国人。看见自己的同胞能够灵巧地摆弄西方乐器，公主们来了兴致，专心地聆听。可以肯定，她们离开公使馆后，一定向慈禧太后报告了这件新鲜事。不久，这支乐队就被邀请进入紫禁城演奏，而且足足在里面表演了四天……

这些公主的年龄都不大，除了固伦公主，其他人都不到二十五岁。这些女士在公使馆里来回溜达，看各种新鲜东西。钢琴最受她们的关注，她们亲手敲响琴键，观察声音是怎么发出来的。我们的服装和发型也是她们认真品评的对象。后来，女士们意识到她们自己应该适当补补妆、换换衣服了。我指引女仆把她们带到了我的房间，这些女士带着探险的表情上了楼。这些公主有说有笑地补妆、换衣服。她们换下刚才穿过的外套，再换上另一套首饰，旗头上的花饰也更换一新，脸、睫毛和嘴唇又都描画了一番。

下午茶时间，女士们再次走进餐厅。我注意到有人喝茶时悄悄把茶点藏进了宽大的袖子里，我知道她们一定是想把这些东西带回去献给太后，于是赶紧命令厨房多拿些点心打包给客人带走。至于慈禧最终吃没吃这些点心，我就不知道了。但我敢肯定它们不会被浪费的。

客人们告辞时的情形更为震撼，仅她们的仆人就多达一百六十一名，这些人连忙跑到自己的主子前伺候。毫无疑问，固伦公主的轿子第一个离开，其他客人依自己的身份高低先后乘坐骡子拉的车离开。马车外观的装饰可以反映主人的身份，就连骡子身上的挽具也根据主人等级的不同，分为金黄色、紫色和红色三种颜色。每名客人都带了两个贴身太监，这些太监是唯一有资格搀扶她们上、下车的人。固伦公主的黄色轿子走在最前面，后面跟着一长串的马车和众多仆人，他们浩浩荡荡地出了公使馆的大门。

（苏珊·汤丽《我的中国笔记》）

回拜

按礼节，这次午餐会后，我应该去那些女士家里回拜，可是等了好久都没有收到邀请，公使馆只好正式照会外务部询问。外务部的答复是，庆亲王的妻子将出面邀请我到家里做客，几经协商，时间最终确定下来。那天去做客，我只带了我的私人翻译（她是标准的英国女性，不过已经在北京生活了多年，会讲一口地道的中国话）。

我们乘坐四人抬的轿子离开公使馆，跟随我们的有四名男性听差，以及两名女性仆人。我们用了四十五分钟抵达庆亲王府，亲王的儿子载振在门口迎候我们。上文提到过，他的妻子也在公使馆宴请人员之列。

迎接我们的还有庆亲王的四位妻子和他们众多的孩子。我们被带到一间大厅里，这间大厅的地面上铺着石砖，整个大厅被红木隔扇分为三个独立的空间，相通的隔扇上有拱门相连。钻石形状的糊纸窗户，位于房间不同之处的取暖铜炉散发热气，使屋内的温度宜人。大厅中间摆了张方桌，桌子上已经放了茶水、点心和水果，桌子周围摆放着红木椅子，我坐在庆亲王两位等级比较高的妻子中间。载振王妃非常得意地向我们介绍她的两个儿子，一个六岁，一个七岁。我们聊天、喝茶时，这两个孩子就在旁边的地板上玩耍，一大群太监、保姆照顾他们。这些人好奇地打量我们，当听到有趣的事件时，他们也不时地发出笑声。顺便说下，中国人对待仆人的态度在世界上是首屈一指的，仆人被视为家庭成员的一部分，经常可以陪伴主人出席某些场合。

我跟庆亲王妻子们聊家长里短，更多的话题是穿衣打扮，还不停地彼此摸摸衣服的面料。她们试戴我的手套，我也看了她们佩戴的珠宝。她们羡慕我的白皮肤，我艳羡她们纤细的手指。说真的，中国女性的手确实好看，手指又细又长，指甲是杏仁形状的。

聊了一会儿，庆亲王的妻子们提议带我在府里四处转转，我和翻译欣然接受邀请。长公主拉着我的手，带着大伙穿过一座又一座庭院，进入另一座建筑当中。庆亲王本人正在那里迎候我们，他接替妻子们继续招待我们，当我们谈话时，亲王的众多姬妾、子女，还有孙辈也都恭敬地站在一旁。以前，我虽在觐见慈禧的场合多次见过庆亲王，但这种面对面的谈话还是第一次。我很敬佩他在1900年义和团事件中表现出的勇气。庆亲王是个风趣、睿智的人，他蓄着浓密的胡子，下巴是山羊胡，嘴唇上是八字胡。他有一双目光犀利黑亮的眼睛。看上去他的身体不是很强壮。据说，由于觐见慈禧时需要长时间跪在冰冷的石头地上，这位亲王患有严重的肌肉损伤。接待我们的房间里摆放了很多中国古董，瓷器、玉器、珐琅器之类的，我对这些东西特别感兴趣，可亲王的妻子们却一个劲儿地招呼我看她们认为很有意思的西洋玩意儿，比如一个欧式的玻璃彩绘吊灯。唉，中国女人就是喜欢我们这些华而不实的东西。

临别时，亲王送给我两张他女儿的照片，还亲手用毛笔在空白处写上她们的名字。他的家人一直把我送到了第一道门的门口。我回身向他们告别，只见他们身上华丽的服饰在古朴的大门映衬下显得更加绚丽多彩。

（苏珊·汤丽《我的中国笔记》）

强学会的活动

康有为和他的朋友们创立的变法维新协会叫作“强学会”。强学会的成员除北京城最有学问的翰林之外，还有一些都察院的监察官和军机处普通文官。

千百年以来，京城唯一的官方报纸就是《京报》。现在，在中国历史上，第一次出现了一份新报纸——《万国公报》。这份报纸之所以特殊，在于它具有相对的独立性，不受官府掌控，但在暗中又得到官府的支持。

《万国公报》的发行者正是强学会。但有意思的是，当时的维新改革派在行动上都是小心翼翼的。他们创办的报纸采用了和广学会月刊完全相同的名字。在这点上他们的考虑是有一定道理的，因为广学会的刊物多年来在高官手中广为流传，从未因为任何原因遭受过查封，借用此名起码比较安全。

起初，他们报纸上刊登的内容大多是转载我们刊物上的内容。但有一点不同，我们的刊物是在上海以金属字印刷的，他们的报纸却依然采取《京报》的那种木刻印刷方法。如此一来，他们的报纸看上去和官方报纸几乎一样，但实际上，报纸的宣传内容却都是广

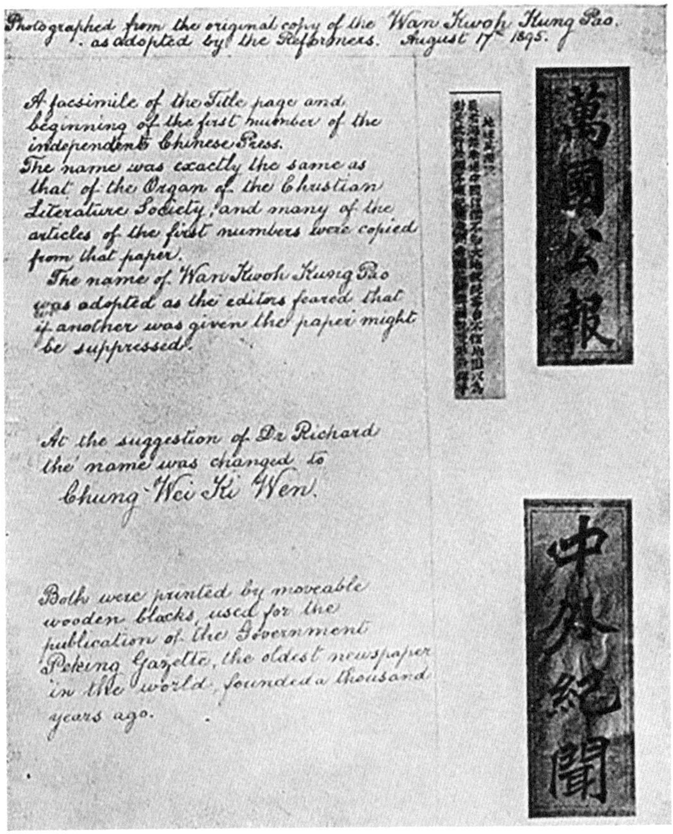
Photographed from the original copy of the Wan Kwoh Kung Pao. as adopted by the Reformers. August 17th 1895.

萬國公報

A facsimile of the Title page and beginning of the first number of the independent Chinese Press.
The name was exactly the same as that of the Organ of the Christian Literature Society, and many of the articles of the first numbers were copied from that paper.
The name of Wan Kwoh Kung Pao was adopted as the editors feared that if another was given the paper might be suppressed.

At the suggestion of Dr Richard the name was changed to
Chung Wei Ki Wen.

中外紀聞

Both were printed by moveable wooden blocks, used for the publication of the Government Peking Gazette, the oldest newspaper in the world, founded a thousand years ago.

《万国公报》

学会宣传的西方思想观念。

在强学会的群体之中，有一位二十八岁名叫梁启超的年轻人，是康有为最有才华的弟子。梁启超听说我需要一位中国秘书，就毛遂自荐。后来，我在北京的那段时间，他在工作上给了我很多的帮助。

还有几个人我也要谈一下，一位是文廷式，江苏人，是位担任宫中女学教师的翰林；一位是谭嗣同，湖南人，当时的湖北巡抚谭继洵之子，他在1898年的政变中被抓后处斩了；还有一位是江西人陈炽，他帮我撰写了献给翁同龢的改良思路的文章；还有直隶总督袁世凯等人。当时，改革维新派得到了时任总理各国事务衙门大臣翁同龢和帝师孙家鼐的同情，也得到了英国驻华公使尼古拉斯·奥康纳的极大鼓励……

后来在1月22日，强学会的活动被一个新人告发，活动地点被封并贴上了封条。这名告发者是李鸿章儿子的岳父。出现这样的事情，李鸿章坚决否认自己和强学会的被查封有任何关系。强学会的成员们组织起来，集体写奏章向皇帝请愿。之后的第二个月，我听说处理的结果是，总理衙门承诺以后每年为强学会拨款白银一万二千两。

（李提摩太《在华四十五年》）

帝师孙家鼐

10月12日，我拜访了光绪皇帝的老师孙家鼐，谈话时间长达一个小时。我采纳了李鸿章的建议，以对待皇帝那样的礼仪来对待孙家鼐。孙家鼐是李鸿章的安徽同乡，当时已经六十多岁。谈话不久，我就发现，他可以称得上是中国官员中最有涵养和最具绅士风度的人之一。

那次的会谈中他告诉我，在过去连续两个月的时间，他坚持每天为皇帝朗读我翻译的麦肯齐的著作《十九世纪史》。在我离开北京之前，孙家鼐推荐我担任京师大学堂校长。因为当时人们认为，京师大学堂的前任校长马丁先生离开中国将不会再回来了。我知道我不能接受这个职位，就婉言谢绝了他的美意。等我到了上海，孙家鼐再次写信邀请我，我再次谢绝了，并推荐了傅瑞雅博士。我认为傅瑞雅博士能胜任此职，他曾经在上海官府开办的江南制造局里长期担任翻译。后来，在我返回英国的途上，收到了孙家鼐的第三封邀请信。

当我离开北京的时候，孙家鼐赠送给我一对漂亮的花瓶，是精美的深蓝色和金色。

（李提摩太《在华四十五年》）

军机大臣刚毅

在我即将离开北京的时候，2 月 2 日，我到议政大臣刚毅的府上拜访。刚毅是满族人，当时六十二岁。我在（19 世纪）80 年代和他第一次见面时，他还是陕西巡抚，也是维新变革最顽固的反对派之一。任何与钱有关的改革措施，在他手里都是一票否决。他的观念是，花钱去改革不值当。

在山西任职时，刚毅总是和那些占星家或江湖术士混在一起。无数个夜晚，他总是一边观察星星，一边听那些术士讲陈旧的世界观，都是些星象决定人的命运的无稽之谈。更为奇怪的是，每当接到为士兵购买训练弹药的申请时，他总是回答，铅制子弹太过昂贵，用土块训练效果是一样的。

这次见面他表现得非常友好，一举一动和总理大臣一样，给人轻松愉快的感觉。刚毅对自己在山西、江苏、广东任职期间颁布执行的政策很是自鸣得意。但是，在整个交谈中，我没有听出他说的哪项举措与改革有关。

他自认为做到了一贯的清正廉明，急于向我灌输一个理念：清政府并不排外，而是那些排外的汉族官员阻碍了中国和外国的交流合作。同时，我也努力告诫他，中国的锁国政策后患无穷。我再三强调学习外国人先进经验的必要性，建议中国应该聘请两位外国女政客作为慈禧太后的顾问。同样，也应为光绪皇帝聘请两名外国顾问。

第二天，我派秘书去他府上，请求他为我引荐入宫觐见皇帝，当面提些建议。秘书跟他谈了约一个小时，最后刚毅说，他自己没有左右皇帝的能力，因为翁同龢一手遮天。朝中的汉族官员们都各行其是，就连恭亲王与礼亲王都已被架空。他声称，翁同龢事事把皇帝蒙在鼓里，皇帝已经被蒙蔽了眼睛。

尽管刚毅有排外情结，但起码待人还算彬彬有礼，这一点，和别的满族官员形成鲜明的对比。恭亲王就比较狂妄，景善也比较粗鲁无礼。在与刚毅的会谈中，我明显感到满族和汉族官员之间的相互嫉妒和攻击性。后来，刚毅成为中国维新变法运动的最大反对者，全力支持慈禧太后的政策。他在慈禧太后的授意之下，组建义勇军，导致 1900 年爆发了规模巨大的排外运动。

（李提摩太《在华四十五年》）

我担任皇帝的顾问

慈禧太后下懿旨，要于秋天在天津检阅军队，光绪皇帝有些担心，遂召袁世凯进京。我正是在这个时候再次到了北京。

当年夏天，康有为曾跟我讨论过改革的议题。他打算请伊藤博文担任皇帝的顾问，伊藤博文曾担任日本顾问使日本成为强盛的国家。如果能实现，那无疑将是件好事。

不久，康有为就邀请我进京，担任皇帝的外国顾问。我乘船前往，同船遇到了两名有趣的人，一位是袁昶，在后来1900年的运动中被誉为英雄，他冒险将朝廷电报中的文字“驱逐洋人”改为“保护洋人”，直接挑战慈禧太后的权威，为此他牺牲了自己的生命。另一位是美籍华人容闳，曾经送出中国历史上第一批一百名学生到美国留学。

9月中旬，我抵达北京与康有为会面。他告诉我局势已经很严峻，他将马上动身去上海。接下来的一切都由孙家鼐和谭嗣同等人进一步安排。

李提摩太

我当时和伊藤博文侯爵住在同一所旅馆。我和伊藤博文的首席秘书津田先生进行了长谈。津田先生后来担任《日本时报》的主编，在伊藤博文担任朝鲜统监时，他依然担任他的秘书一职。当时梁启超也在北京，他是经张之洞引荐在官府供职的。

（李提摩太《在华四十五年》）

我拜会荣禄，拜访鹿传霖

我在北京时，荣禄邀请我到府上做客。我们谈了一个小时，其间他就很多重要的问题阐述自己的观点。就处理政务的能力来说，我认为他与李鸿章几乎一样，头脑清晰，思维敏捷，远远超过我见过的其他中国官员。会谈结束时，他问我是否愿意见一见鹿传霖。我想，他之所以把这个问题抛出来，是因为在清朝的众多官员中，鹿传霖最排外。我说："如果鹿传霖真打算见我，我愿意登门拜访他。"荣禄点点头说："明日下午 5 点，鹿大人将在家中恭候您。"

鹿传霖是土生土长的直隶人，在荣禄的安排下，我与他会面。

我问他："您认为现在的中国是比六十年前好呢，还是糟呢？"

"请不要问这样的问题，"他说，"比以前坏多了，可以说一年不如一年。"

其实，这个问题是我布的一个陷阱，他轻易就上了套，于是我继续问他："既然如此，再坚持那些使中国陷入困境的旧规章制度，是明智之举吗？"

鹿传霖立刻意识到我的圈套，随即老练地摆脱我的追问，还反问我："如果你处在我的位置，会怎么做？"这样一来，正好给了我一个表达观点的机会，我将自己关于改革的想法和盘托出……

数年后，也就是 1910 年，我再次见到鹿传霖。他告诉我，他在户部任职时，便开始着手改革，向金本位过渡，但是在这项工作未完成时，另一个人就取代了他的职务，货币改革也被搁置，正是这个延迟，使中国损失严重。

鹿传霖是中国守旧派官员的代表，顽固坚持自己的见解，但非常具有爱国情怀。正如别人所说的那样，他对西方事物的偏见，使他丧失了对外来事物正确的判断力。

（李提摩太《在华四十五年》）

我与肃亲王的交道

在这段时间内，我还见到了一位政客——肃亲王，他给我讲述了一段有趣的故事，他是如何利用他的府邸来保护那些基督教难民的。

义和团攻破北京时，在华的各国人都将他们的大本营设在英国大使馆的周边。肃亲王的官邸正对着英国使馆，就隔着那条被称为“御河”的小河和一条街道。当时基督教教堂和外国人的房子都被烧毁了，詹姆斯先生（以前的浸礼会的传教士，北京大学教授）去找肃亲王，说如果他愿意和家眷搬到别处去，把王府腾出来给外国人当避难所，那将功德无量。但肃亲王惧怕义和团，就狡黠地答应，希望外国难民从前门进，他则带着家眷从后门逃出去，做出一副被赶出家门、落荒而逃的样子，这样义和团便不会抓住把柄降罪于他。于是詹姆斯先生按照他的意思，将教民安置在王府里。然而，就在返回的路上，詹姆斯先生落到了义和团手里，最后被杀害了。

现在，肃亲王负责京城的治安与防卫，开始着手清理街头巷尾。在政治上，他力挺改革，而且把三女儿和五女儿送到女子中学去读书。

（李提摩太《在华四十五年》）

改革巨匠张之洞

中国的改革运动中有三位总督是功不可没的，他们是李鸿章、袁世凯和张之洞。张之洞可谓是第一个把光绪皇帝带上改革之路的人。他应该算是思想巨匠和功勋英雄了。居住京师的四十年中，我对张之洞有很深入的了解，另外在最近的几年中，有更多机会和他有个人交往，从而更好地了解他的思想和为人处世的风格。

张之洞名字的意思是洞穴里的一张长长的弓，其意思是说，他的祖先生于洞穴内并以箭术而著称。几代之后，张家已弃武从文，而张之洞用自己的生涯证明：他手中的笔比祖先手中的长弓更强、更有力。

张之洞祖籍是直隶省的南皮，依大清律例，任何人都不准在自己的出生地担任官职，所以他也不能担任大清帝国职位最高的总督。他十几岁时中秀才，三年后成为举人，到京师参加会试，他名列前茅中红榜，得到进士的头衔。之后他继续奋斗参加殿试，以典雅的书法和出色的八股文夺得头筹，并担任御史一职。出任监察御史期间，他办了几起漂亮的案子，其中一个是处理了在外交上私与俄国签订退让性条约的崇厚案……

我在1902年接到聘请，协助张之洞进行教育推进事务。由于恢复京师大学堂一事的搁浅，我暂时回国，后张邀请我在他办的湖广仕学院任总教习，指导学生学习国际法。之后张之洞被调往南京任职，一年后被召回北京。

除了为民众提供教育外，张之洞一直以发展他们的物质资源为奋斗目标。他开办了棉纺厂、玻璃厂、钢铁厂，这些工厂全部使用进口机器设备，并聘请了外国专家。

（丁韪良《中国觉醒》）

辜鸿铭逸事

我住在御花园时，皇帝经常带人来，其中一位老臣叫辜鸿铭。尽管他以前经常被皇帝召见，但这次是私人召见，并留他在御花园用膳，所以他感到非常激动，以致不知所措。他处处小心谨慎，不敢多说一句话。皇帝尽量营造出轻松的氛围，但他始终紧张得不得了。但后来他一直以此为荣，据说他临终前还叨念这值得荣耀的事呢。

辜鸿铭比较倔强，但有人觉得他略显张狂。他为人正直，不贪赃枉法，一生清廉。

辜鸿铭曾留学苏格兰，并结交很多外国人，可他始终忠于皇帝，也比较排斥西方思想。在他留学期间，花大量的时间用于英语和其他知识的学习，而没有更深入钻研中国的文学。他热衷儒学，倡导发扬儒学教义，还翻译了《论语》。

辜鸿铭始终认为中国是礼仪之邦，并为之骄傲。但我觉得有件事却没有显出礼仪之邦的风范。1924 年，泰戈尔应一个文学组织的邀请到北京，但学术界有些人态度比较冷淡。我不希望让泰戈尔觉

溥仪会见泰戈尔

得中国人缺少礼仪，就请求皇帝让他进宫，并让皇帝提前阅读他的诗歌，皇帝同意了，就在我的楼阁接见了这位诗人。郑孝胥也参加了此次接见，我很高兴地看到两位杰出的诗人能和皇帝聚在一起。

（庄士敦《紫禁城的黄昏》）

袁世凯称帝

从 1912 年到 1924 年，中华民国建立后的十三年中，北京城皇帝和总统同时存在，这段时期可谓是清朝的黄昏，而对民国则是破晓前的蓄势待发，犹如暴风雨的前奏。

1912 年 3 月，袁世凯宣布成为中华民国大总统，1913 年成为正式总统，任期五年；也是在这年的 10 月 10 日举办了辛亥革命两周年庆典，在庆祝大典上举行了袁世凯正式就职仪式。可是袁世凯上任不久就用手中的权力，把总统任职期限改为终身，并享有任命下一届总统的权力。袁世凯在 1913 年调副总统黎元洪到北京任职，理由是发挥其才干，实则把他控制在自己手里。1913 年，袁世凯要求紫禁城内的隆裕太后搬出至颐和园居住，这引起朝廷官员的不安，其中内务府对此反应强烈，他们知道一旦皇帝和太后都搬离紫禁城，他们也没好日子过。苦于没有好的理由，他们提出颐和园的墙比较矮，不安全，需要加高围墙，但围墙修了很久都没见成果。这事也让我颇感头痛，因为我在教授皇帝课程的同时，也负责颐和园及周边的财产清点工作。张勋一向忠于皇室，就向袁世凯提议让皇室及成员继续留在紫禁城。袁世凯只能同意，这样一来，他的总统府就只能设在紫禁城外的新华宫了，当然新华宫离紫禁城很近，规模也不差多少……

不久，袁世凯露出真面目，他建立新王朝，定年号为“洪宪”，他是第一任皇帝。1915 年 12 月召开“民国代表大会”，大会表决结果是：中国要实施君主立宪制，不日，参政院发文拥护袁世凯称帝。

几天后的冬至日，袁世凯在天坛举行了祭天仪式，这是个级

袁世凯天坛祭天

别很高的仪式，在过去只有皇帝才有资格登上祭祀坛。袁世凯举办这个仪式的目的是想向世界宣布他就是中国的皇帝，但是出于内心的恐惧，他省掉了很多仪式环节，就连从新华宫到天坛都是乘军车去的。他身着龙袍，站在布满星星的祭坛中央，跪在大理石平台上祈求上天庇护。但是上天并没有被他华丽的龙袍所蒙蔽，而是看穿了他的内心。事情就是如此的巧，就在他以为自己打动了上苍，得到庇护时，一些志士正在聚集，形成摧毁他的大军，其中之一就是蔡锷。

（庄士敦《紫禁城的黄昏》）

在中南海拜见黎元洪

感恩节这天，我在北京受到中华民国总统黎元洪的接见。

这位总统背景不一般，他现住在前清“老佛爷”的住所——瀛台。

那天，为了准时在上午 10 点开始会面，我匆匆离开皇后册封礼现场，赶往接见地点，却被观看“皇后嫁妆队伍”的人群挡住去路。我竭尽全力冲破这欢庆的人潮，最终按时到达总统府官邸。

红、金、绿三色的新华门前，有两只巨大的大理石“福狗”（狮子）。雌狮爪下是一只小狮子，雄狮爪下是一个象征宇宙的圆球。两只大狮子微笑着，好像是在欢迎来宾。民国旗帜在门口迎风飘扬，士兵敬礼示意我们停车。在完成礼节性的检查之后，我的车终于可以沿着大理石的斜坡路面，驶进这神圣的大门。门内别有一番景象，一汪湖水，东方园林，红色和金色构成的恢宏的宫殿。

为了保障总统的安全，哨兵不停地来回巡视。我的车沿着湖边开了约有一里地，停在另外一道大门前。我在一名官员有礼貌的引领下，不停地穿过几个房间和院落，来到一片美丽的池塘边。池塘四周有许多中式建筑，它们被画满金、蓝、绿色中式装饰的回廊连接在一起。用了几分钟，穿过这片寂静的地方，我们来到一扇挂着帘子的雕花彩绘门前。引导官员停下脚步，示意我进去，门后面是一间现代装饰的会客厅。

在这里，黎总统的秘书长瞿瀛先生接待了我。之后，他领着我又走过了几个庭院，来到总统的西式官邸。我脱下身上的披肩，经过最后的几个回廊和房间，终于到了总统的办公室。房间很宽敞，墙上有几幅旧刺绣，屋里只有几张柚木桌椅。

首先映入我眼帘的是总统那魁梧的军人身材、黑色制服大衣和锃亮的皮鞋。黎元洪总统站在房中央的地毯上，用握手礼迎接我。他亲切地示意我坐在椅子上，之后，他坐在一旁的沙发上。服务人员送上茶，他静静地坐在那里等我开口。在经过简单的寒暄之后，我说报上称他是中国十大名人之一，他向我耸耸肩，表示赞同……

道别时，总统对我说，如果愿意，礼宾部可以安排总统夫人接见我。他为我在照片上签名，眼中露出喜悦，我们再次握手、告别。“这是我第一次接受外国女子的采访，美国的女子都很聪明。”说完，他双脚并拢，向我敬军礼。我离开了这座宏伟的宫殿。

这位总统也许还没有意识到，诚恳、善良的他无法对抗那些追逐自身利益的人。那些奸诈狡猾的政客，正在不顾一切地操纵着民主意识落后的省份，与具备西方意识的群体相抗争。

（格蕾丝·汤普森·西登《中国灯笼》）

黎总统夫人印象记

唐容龄陪我去总统府见黎夫人，我们到总统府，门卫很快就为我们放行，一位中年男子先接待我们。从唐夫人口中得知，这位男子是总统的一秘，非常富有，但依然心甘情愿地做着现在这份工作。

我们被领到一个大房间，屋里没有什么摆设，房间的一端摆放着一张简洁的西式茶桌。黎夫人已坐在茶桌旁。见到我们，她并没有起身，而是平静地和我握了握手。对此，我并不太介意，因为领事馆的人早就告诉我，当她的丈夫黎元洪刚任总统时，有一次她作为第一夫人一下子接待了六位外国女士，同她们一一握手，她感到快要崩溃了。因为，按照中国传统，女子只能同自己的亲戚握手，一下子和这么多外国女人以一种陌生的外国礼节进行亲密接触，她简直无法忍受。但丈夫就任总统之后，她不得不去适应这些让她不能接受的社交礼仪。

总统夫人显得既精明又朴实。她穿着白色的棉袜和黑色绒面的平跟鞋，脚很小，我看也就五寸长。她身穿灰缎外套和黑缎裙子，黑发梳到脖后颈处，盘成发髻，上面插着一些珍珠饰品。因为头发都梳起来的缘故，两颗大珍珠耳钉格外显眼。她手上戴了三枚宝石戒指，一个是钻石，一个是红宝石，一个是翡翠，每颗都有好几克拉重。

黎夫人是个传统的女人，平日里也只是做做家务，照顾孩子，照顾丈夫，为他打理衣着和饮食，她也时常给丈夫提些建设性的意见。我本想从她口中了解些总统的家庭生活琐事，但黎夫人和所有的中国传统女性一样，缄口不评价自己的丈夫……

黎夫人告诉我，她经常回老家祭祖。之后，她问我："你们怎么祭拜祖先呢？"黎夫人对我描述的美国丧葬风俗和社会礼节表现出极大的兴趣。黎夫人虽然是名门大家之女，有良好的传统家教，但是对外部世界了解不多，且兴趣不大。从这点可以看出，她是旧式中国女人的典型代表，她虽上过私塾，但不会讲英文，也很少读书写字，可是她的四个孩子都会说英文，她的大女儿明年将去美国接受教育。

和总统一样，黎夫人每天早上 5 点至 6 点起床，从不超过 7 点，因为 7 点半她要送孩子们上学，以保证在 8 点准时到校。她不看戏，但偶尔看场电影。打牌、打麻将、骑车、跳舞、滑冰这些娱乐活动都跟她无缘，她甚至很少外出散步。可能是因为现在年轻人的这些时髦活动，像她这样裹脚或者裹过脚的人都无法参与吧。

我还问了黎夫人有关女性在中国的地位的问题，出乎我的意料，她表现出的开明，让我觉得跟她接受的传统教育不相称。她的回答对我来说非常重要，从她的回答中，我能更好地判断教育和自由的新理念在中国旧阶层中的普及程度。

黎夫人说："当今中国的女性可以分成几种不同的类型，一种像我这样的旧式女子，一种海归女子，她们的思想受影响较大，还有就是年轻一代。将来会变成什么样？还真不好说。"

"那您支持女性同男性一样，拥有包括选举权在内的权利吗？"我又问。

"我认为她们得足够聪明才能行使这些权利，否则只会把事情搞糟。"讲完，她又补充了一句，"很多女子自以为聪明，其实她们不了解真实的情况，只会瞎喳喳。"

看得出，黎夫人属于剧本《爱丽丝坐在壁炉旁》（*Alice Sit by the Fire*）中的典型人，现代教育和自由思想对她还是有一定影响的。

（格蕾丝·汤普森·西登《中国灯笼》）

北京的宠物狗

北京有几种有名的狗，如巴哥狗、北京猫及袖笼狗。有位上校从北京皇宫中带回一只狗，其品种罕见，这狗个头不大，大约12磅重。它的毛是浅黄色的，扁平的鼻子，大大的、黑色向外突的眼睛，又厚又长几乎垂到地面的毛，短粗又略有点弯曲的腿，有人称这狗

北京狮子狗

为狮子狗。宫里还有很多京巴，它们身材小，大眼睛，耳朵贴在头两边，尾巴像松鼠一样向上翘着。慈禧太后比较喜欢肉桂色的狗。宫里的每条狗都有专门的宫女服侍。据樊国梁主教介绍，宫廷中最早的京巴于642年来自君士坦丁堡，它聪明极了，能用嘴叼住火炬。

京巴狗的另一个惹人爱的特点是，在与人类长期接触后，变得很通人性，既乖巧又聪明。高兴时就用两只软软的爪子不停地拍打，口中发出轻轻的“咕咕”的叫声，明亮的大眼睛深情地望着主人，它用丰富的表情弥补了语言缺陷。另外京巴狗还很勇敢，程度近乎野蛮。若是没有人理睬时，它就会装出一副伤感的样子，一旦有人亲近，它则会摇头摆尾。

（立德夫人《我的北京花园》）

“左祖”之太庙，皇家祖庙

太庙的祭奠

太庙曾供奉着明朝各位皇帝、皇后的牌位。明朝灭亡后，清朝就将明朝皇帝、皇后的牌位烧毁，然后把自己祖宗的牌位摆放在祭坛上。

太庙建于明永乐十八年（1420），它和南京太庙的建筑风格基本相同。两边的配殿里供奉着牌位，十三个皇族牌位安放在东配殿里，西配殿则是十三位政绩卓越的大臣之牌位。每季度皇帝会派皇亲来此祭奠，向每个牌位叩首，现在这些牌位还保留着。

有两个牌位引起我的注意，一个是多尔衮，顺治年间做过摄政王；另一个是恭亲王，为清朝尤其是慈禧统治时期的外交殚精竭虑。西配殿里只有一位不是满族，他就是1860年抵制八国联军的蒙古将领僧格林沁。

太庙

旧时太庙

走上前殿的大理石台阶，一眼就可望见入口牌匾上镀金的两个大字——太庙，这座建筑的精美镀金和宏伟壮观的绿色房顶令人赞叹。前殿是宝座殿，存放着所有清皇帝和皇后的宝座，皇帝的御座绣的是龙，皇后的宝座绣的是凤。

这里一年中要举行五次祭奠，分别是：正月初一、四月初一、七月初一、十月初一和十二月二十九。

中殿摆放着祭奠的木质牌位，牌位上涂着亮丽的金漆，用汉、满、蒙三种文字写着名字和称号。殿里还有缩小尺寸的御座、木门和黄色丝绸窗帘。

位于中殿后的后殿供奉着皇家的元祖神主，即追封的皇帝，他们的顺序是正中肇祖，左兴祖，再左显祖，右景祖。

出大殿后门，有一条松柏大道，在这里可以俯瞰紫禁城的护城河。这里的景色美极了，夏天有盛开的莲花，春天有城墙和楼阁在水中的倒影。无论从哪个角度看，都是一道风景。

我还要提一下太庙公园对北京人生活的影响。这里是成群的乌鸦的栖居地。每天黎明时分，不管是阴天还是晴天，成群的乌鸦都聚集在这里，环绕飞几圈后，沙哑地叫喊着向西飞去。它们每天都是如此，以至老北京人用它代替了公鸡报晓。

（阿灵顿《古都旧景》）

宣统皇帝大婚前太庙祭祖

4 月 6 日一大早，宣统皇帝着礼服到位于景山之北的寿皇殿祭祖。寿皇殿内供奉着先祖们的画像，在殿内皇帝要面对祖先们的画像，庄严虔诚地汇报自己即将成婚。按大清皇室风俗，大婚仪式前的一两天皇帝还要到太庙的后殿和享殿向先祖们报告即将大婚之喜事。这些盛大的仪式由皇亲礼亲王和怡亲王负责。

（庄士敦《紫禁城的黄昏》）

不开放的左祖太庙

天安门和午门之间是紫禁城的外部，位于此地区的端门又将这区域分为东、西两部分，其东是太庙，或称之为先祖庙，这里禁止任何人出入。依大清的法律，太庙被认为是除天坛外最神圣的祭祖之地。端门之西是过去的皇家乐园，现已辟为公园。在园内，人们可以参观游览社稷坛。

（裴丽珠《北京纪胜》）

“右社”之社稷坛，祈祝国土平安，五谷丰登

中山公园记游

天安门的西侧，与太庙对称的位置是中央公园。里面的社稷坛可以追溯到明永乐年间。中华民国成立后，改名中山公园，为的是纪念孙中山先生。

进入中山公园，最先映入眼帘的是大理石牌坊，上面写着“公理战胜”四个大字。这就是所谓克林德坊，第一次世界大战后被移到中山公园。

经过牌坊向北，是位于高高的基座上的两个铜像。他们是王金铭和施从云，1911 年在兰州驻防的 20 军司令。向西走就是习礼亭，皇帝在这里练习祭祀的礼仪，北面是日晷。

这条路的尽头有一圈四种颜色组成的坛墙，南墙为红色，北墙为黑色，东墙为蓝色，西墙为白色。坛墙内则是象征着中国完整和独立的社稷坛。社稷坛上铺着五种颜色的泥土，按中黄、东青、南

五色土祭坛

红、西白、北黑五个方位填实铺好，寓意为中国位于宇宙的中心。泥土是从直隶省纳贡而来，经过考究，证明泥土非常干净，不掺任何杂质。祭祀当天，奉至祭坛撒在土地上，社稷坛祭祀的神是土地神和五谷神。

每年春播和秋收时，皇帝都要亲自来这里祭祀，这个仪式始于周朝，到现在已有一千多年的历史。

在整个祭祀过程中，一些十岁至十五岁的年轻人跳舞、奏乐，四个穿官服的人站在祭坛边，挥舞长长的竹竿赶走鸟禽。因为人们觉得，如果有什么东西来到这里搅乱，祭物就不能直接送达天神手中。

祭坛北边的社稷殿是存放祭祀器具的，其中有用来保护祭坛的七十二个钺戟。

穿过祭坛北门就能看见修建于中华民国年间的格言亭，八个柱子上写满了格言，如文官不贪财、武官不惧死、温故而知新等。

北边是紫禁城的护城河，从这里可以向东，也可以向西进行游览。向西，也就是格言亭的左边，经过一个鹿园和溜冰场，再向南是一些茶馆和饭店，再向前走便是公园里风景最好的地方之一——游廊。玻璃房子里有鸟和动物，这里还有一座石碑，正北刻着晋永和九年《兰亭修禊图》和《题记》，背面刻着乾隆皇帝御制诗。八根石柱上刻有唐代书法家的诗文（按："兰亭八柱"上所刻为历代书法家临摹的《兰亭集序》贴）。

沿着游廊继续向东是养金鱼的房子。有的金鱼奇形怪状，甚至让人感到可怕。金鱼的名字更是特别，有"红龙睛""蓝龙睛"。望天鱼的眼睛长在头顶上，鳞是透明的，呈金色，还有五花纹。它的鳍非常长，有时能将整个身体盖住。这里还有美国人称之为"彗星"的红纹鱼，还有许多形状古怪、非常像蛤蟆的蛤蟆头金鱼，还有日本人称之为"荷兰狮头"的虎头金鱼。中国人认为"虎头"是15世纪从中国传入朝鲜，然后再传到日本的，所以又叫"朝鲜金鱼"。不知道中国人是什么时候开始人工饲养金鱼的，但一定有很悠久的历史，大概可以追溯到11世纪或12世纪吧。

（阿灵顿《古都旧景》）

中央公园印象

如果你想要看到北京最好的风景，最好在夏季傍晚5点至7点之间，到城市的中央公园来。这里交通方便，况且它曾经是御花园，景致优美。树下的石凳，园中的假山，多了几分情趣，而曾经的皇家花房已被改造成商店或餐厅，从而使这里充满生活气息。人们在这里还可以爬山，欣赏鱼缸里的金鱼。但是更让人赏心悦目的是，来这里游玩的人，他们个个穿着考究，举止优雅。

（裴丽珠《北京纪胜》）

中央公园的晚宴

一天晚上，我父亲应大学董事的邀请去中央公园参加晚宴，因为母亲有其他活动，只有我和父亲两人去。晚宴在一座亭子里举行，长餐桌上铺着洁白的台布，参加宴会的人一半是外国人。这个亭子位于四方形社稷坛前面大路的尽头。据说社稷坛是祭祀历代帝王，祈求风调雨顺、五谷丰登的地方。当时，这个公园也是皇宫的一部分，现在社稷坛旁边有一个保龄球场馆，不时传来保龄球的撞击声。

（谢福芸《中国淑女》）

中央公园点滴

为加大社会教育的力度，教育部在中央公园供五色土的殿堂开办了图书馆，馆藏有五千册古代及近代书籍。其中古代图书是关于历史、哲学、文学的书籍；近代图书涵盖哲学、宗教、历史、地理，还有社会科学和自然科学类的图书；此外还有外文书籍，如德语、法语、英语、俄语、日语。阅览室有六十多种报刊，可容纳百人阅览。入馆费用是每人两个铜板，开馆时间是每天上午 10 点到下午日落时分，另外阅览室还提供为妇女及儿童预留座位的服务。

中央公园在紫禁城午门之西，面积约为 0.5 平方英里（按：面积有误，官方测量是 16 万平方米），公园始建时是股份制，朱启钤是股东之一。园区内有古柏、石桥、花圃，还有祭五谷神的五色土祭坛，园内有许多场馆，如台球厅、网球场、几个大餐厅、小茶馆、一个图书馆、一个书店和一个鲜花店。

虽然公园票价为每张 10 分，但夏季每天入园人数都会有四五千之多。在节日或特别的日子公园免费开放，这时入园人数会过万。当年抗议日本“二十一条”的集会，当日共有 30 万人次之多。以前公园内禁止出售酒水，但现在已经废除此条例。近期也发现拉生意的妓女出现在公园内。

（甘博《北京的社会调查》）

北京的公共图书馆

除模范演讲所的小型图书馆外（模范演讲所位于珠市口西大街，隶属教育部），北京还有 5 个公共图书馆，它们分别是京师图书馆、西四牌楼北大街的儿童图书馆、中央公园图书馆、靠近顺治门（宣武门）大街西单牌楼的通俗图书馆和香炉营四条的京师图书馆分部。其中儿童图书馆位于住宅区一座老式的四合院内，院子一边的 3 个阅览室之中的一间供女生阅览使用，另两个供男生使用。院子另一边有游戏室、乒乓球室和象棋室。

（甘博《北京的社会调查》）

第五辑

山亭景行　钟鼓长矗

景山、钟鼓楼会有别样的风景吗？

您读完十一位作者书写的十六个文段后，犹如登上景山俯瞰北京城，听鼓声与钟声响彻云霄。您眼前的风景也会变得斑驳错杂，陆离万象。

钟楼　张维志绘

万岁山——景山，站在顶峰望北京

景山又名青山

在大汗皇宫的北面，还有一座与之形状相似的宫殿，它是皇太子真金住的地方。因为他是继承人，所以享有和他父亲一样的待遇。

离皇太子的宫殿北面不远的地方，约一箭之距，有一座人造的小山，高达一百步，山底周长约一英里。满山皆是漂亮的常青树，只要大汗听说哪里有漂亮的树，就命令人把它移植到山上，如果树太重就用象驮过来，这些树给这座山增色颇多。因为这座山上的树木常年郁郁葱葱，故得名青山。

山顶上有一座亭子，看上去也是绿色的，青山、绿树、精致的亭子让人赏心悦目。

皇宫北方有一个人工建成的造型精致的池塘，挖池塘的土就用来堆青山。池里的水来自一条小溪，池塘看上去像个鱼池，但实际上是蓄水池。从池塘流出的水穿过青山脚下的沟渠，流进位于皇帝皇宫和太子宫殿之间的一个人工湖。该湖挖出的泥土也成为堆建青山的土料，湖中养着品种多样的鱼类。大汗所吃之鱼，皆取自该湖。为防止鱼顺溪水游走，在水流的入口和出口处都安装上铁或铜的闸栏，池塘里还有天鹅和其他水鸟。另外，池塘上还有一座横跨水面的桥，由此桥可以从皇帝的宫殿到达太子的宫殿。

（马可·波罗《马可·波罗行纪》）

我在祖庙里参观

上午10点，我要去皇城另一端的祖庙（寿皇殿）。这里现在由我们的海军陆战队把守。这里树木茂盛，大门口有绿色和金色漆成的拱形牌坊，牌坊的支柱很轻巧、纤细，门前的大理石兽雕掩于高大的松柏中。

进入第一道围墙后，我们很快就来到第二道，这里的园子一个挨一个，园子里有一些青铜大香炉，香炉底座上有亡者的牌位，而且这里的东西都贴着封条。最后一个园子里有祭奠祖先的大殿，它位于汉白玉高台上，琉璃瓦顶，大殿里面的金色已经变得有些暗淡，有些地方的颜色跟老皮革似的，深浅不一。大殿深处有九道一字排开的门，门上都封有蜡条，殿中央的供桌上摆着供品。两组大编钟，一架是铃铛，另一个是悬挂在金链上的玉石片。殿里还有齐顶高的大衣柜，里面放着由御用丝绸包着的字画，这些画简直美极了。有的画面是皇帝外出狩猎、林间散步的情景；有的是已故皇太后的画像。还有一幅展开的六至八米长的画，铺在长长的石板上。画面上有皇宫仪仗队、骑兵、军队、外国使团，画卷上画了成千上万的人物，从这幅画可以看到中国历代的风俗。我竟然在这幅画上看到皇帝接见路易十四时期公使的场面。

我被破例允许进入康熙大帝的神殿，勤务兵手持蜡烛和我一起进入这不可亵渎的地方。里面很暗，走过几级台阶，我看到一个神龛，里面摆放着我叫不上名字的艺术藏品。两边还有上了锁的漆木大箱子，他们居然让我到里面去看，在箱子的格子里，有很多皇帝的玉玺，材质有的是玛瑙，有的是玉石，还有纯金的。我接着走近神龛，在勤务兵的灯光下，我看到使我眼花缭乱的奇珍异宝，各式精美绝伦的花瓶……突然，在祭坛后面的一个角落，我看到一尊高大的人像正斜着眼睛看着我。在他的眼中，我们这些打开封藏玉玺箱子的人是多么的大逆不道啊！

（洛蒂《在北京最后的日子》）（1900 年 10 月 23 日星期二）

景山和它的南北

景山位于紫禁城北门外，它是一座人造山，是明永乐年间修建紫禁城时挖护城河的土堆成的。辽代时，这里用来储备紧急情况下用的煤和木炭，因为这里的煤堆放在挖三海的土堆上，木炭则放在煤山下的深沟里，所以这里也被称为“煤山炭海”。这座山是依风水学的原理建成的，起到守护皇宫不让妖魔从北边进来的作用。这山明朝叫万岁山，又名百树园，清朝改为景山，但大家更爱称它为煤山。

山上有五个亭子，又是一个奇数。一个在山顶，两个在东，两

夜晚的万春亭

个在西。它们都建于乾隆二十三年（1758），是供官员、妃子们享受大自然用的。

景山的入口在南墙中间，进入景山就是绮望楼，里面供的是孔子的牌位。向东走，就是崇祯皇帝自尽的地方。这里有一座石碑，上面写着：“明思宗殉国处。”其意思是：纪念尊敬的明皇帝，宁可自杀也不愿当俘虏。

攀上小山，经过两个亭子，山顶就是五亭中最大的亭子——万春亭。巨大的木质佛像还不太显旧，以前的铜像在1900年被法国军队掠走了。

从这里可以俯瞰整个北京城，堪称世界上最美丽的风景。尤其

从北上门望景山万岁门和万春亭

往西看，远处的群山清晰可见，感觉它们就在附近而非二十英里之外。南边是紫禁城的黄色房顶，东边是北京城最具现代化风韵的地方。

山下北面就是寿皇殿，主殿曾供奉着已故皇帝的画像，皇帝每年正月初一来祭奠。寿皇殿建于乾隆年间，大殿仿照了太庙的建筑风格，材料是从十三陵那里取来的。寿皇殿以前是停放皇帝和皇后棺椁的地方，现在所有的宫殿都不开放了。

（阿灵顿《古都旧景》）

皇宫之屏障

故宫之北有座山，是用建莲花湖的土堆成的，它的名字叫煤山。据说，在八国联军入侵北京时，这里充足的煤保障了北京的燃料供应。但实际上，这山有它的深层寓意，这里的土地、空气、树木和水流都被赋予了灵气，它是为皇宫阻挡妖魔从北入侵的一道屏障。

（何德兰《晚清宫廷》）

绿树葱葱，亭台错落

我们恋恋不舍地离开北海，慢慢走过石阶，穿过汉白玉桥来到景山。景山位于紫禁城北面，它的周围也有围墙。我们沿护城河走，这时正是莲花绽放的季节，一阵阵香气扑面而来。经过一座黄色和绿色琉璃瓦砌成的牌楼，来到大高玄殿，它建于1550年，起初是甄选宫女的地方。景山正北是寿皇殿，是皇室的宗祠，藏有历代皇帝的画像，也是停放皇帝灵柩的地方。和北海的白塔一样，景山也不是自然形成的，而是一个人工土丘。有人说堆土山是为了阻止北方

景山寿皇殿牌楼

的邪气；有人说是为了储备煤；也有人说是为了防御外族围攻；而更多人认为这里就是皇家的游乐场。不管是哪一个原因，在16世纪，这里已成为绿树葱葱、亭台错落有致的皇家园林，以至于俄皇凯瑟琳二世要求照着景山的蓝图为她修一座宫殿。

景山在更多中国人的脑海中，会和明朝的最后一个皇帝联系在一起。

（裴丽珠《北京纪胜》）

站在山顶望京城

北城内有一显眼的人工土山，称为景山。传说这是蒙古皇帝所建，用来储藏大量的燃煤以备战时所需；另一传说是用挖人工河的

瞭望宏伟壮观的北京

土堆成的。

这座山一直是皇家园林，它海拔约四十六米，站在山顶可以看到整个京城。特别是往南，可以望见紫禁城内金色琉璃瓦的屋顶和成排的宫殿，还可以望见宣统皇帝现在住的宫室。煤山还和特殊历史事件有关，传说明朝的末代皇帝就是在这里自尽的。

（甘博《北京的社会调查》）

绿树亭阁看景山

一条御道的一侧是紫禁城，另一侧就是以北海、中海和南海为代表的西苑。现在时常会看到骆驼在这条御道上行走。放眼望去，景山就在不远处。景山是皇帝命人挖这三个人工湖时用土堆成的小山。更早的时候，皇帝命人把这里用作堆积煤炭之地，故也称煤山。现在这里是绿树成荫的花园，小山上还有亭阁。

（多萝西·格雷《穿过月洞门》）

鼓楼与钟楼，
暮鼓晨钟震响在京城

钟楼的钟响了

新大都中央，一座富丽堂皇的建筑上悬挂着的一口巨大的钟，它每天都要响起。在晚上的第三声钟响后，没人敢在街上行走。但如有特殊情况，如孕妇分娩或有人得了重病便可以外出，但是外出的人必须自己提着灯笼照亮。

（马可·波罗《马可·波罗行纪》）

我站在鼓楼四望

一天在回家途中，我停在鼓楼。我知道中国许多城市的中心都有鼓楼，但由于北京重建，鼓楼更靠近皇城的北墙，鼓楼不像钟楼那样具有蒙古风格，但画家更愿意登上鼓楼，俯瞰钟楼，进行创作。

我爬上楼，转过几个昏暗的拐角，走到回廊上。我一走出来，

远眺钟鼓楼

竟惊飞了一群燕子，它们成群地在楼顶上盘旋，使我感到一阵阵的凉风掠过头顶。

在鼓楼的第一层，西望是一片空旷的土地，那里是个建筑的遗址；西南是条林荫道，通向恭王府，再远处，就是高庙；朝南可以望见紫禁城里的宫殿；向北望就是那美丽的钟楼和城外的黄寺。

据说，以前鼓楼里的大厅放着报时用的滴漏，四个大水桶的底部各有一个小眼，水顺着这小眼一滴滴漏下，根据水平面的高度就可以报出时间。后来这计时的方法被燃香取代了，再后来又被一座普通的钟取而代之。但那面巨大的皮鼓依然屹立在二楼正中央，在午夜的五更时响起。

（立德夫人《我的北京花园》）

钟楼是砖石结构

钟楼是座砖石结构的建筑，九十英尺高，而鼓楼是一百英尺高。钟楼有着一种古朴的风格，它曾遭火灾被毁，乾隆年间重修。钟楼的楼呈八角形状，里面的钟约重两万磅。关于钟楼有个美丽的传说（按：钟楼和鼓楼的高度及重量有误）。

（立德夫人《我的北京花园》）

鼓楼里的“铜漏乌”

沿鼓楼大街往北走就是鼓楼，鼓楼是明永乐帝定都北京后兴建的，它高九十九英尺，底层至顶层是砖结构，再往上是木结构，这座鼓楼的材料皆来自旧鼓楼（位于现在鼓楼西边一百码的地方）。老鼓楼位于北京城中心，也就是现在的老鼓楼大街，原名叫“齐政楼”，是日出前朝廷官员集合的地方。

楼里的一座水钟有一个形象的名字——“铜渴乌”。上面鸟笼里的鸟通过一根竹管向下面的水盘送水，每盘水盛满就是约一刻钟，这时，报时人就会打镲八下。传说这是宋朝李兰发明的，到了清朝改用木桶盛水，报时也改为白天击鼓，夜里用镲。这种报时方式一直延续到民国初年。

位于鼓楼北面不远处的钟楼，据说始建于1285年，明永乐年间改建到这里。后来钟楼被火烧毁，到1745年（乾隆十年）重修，成为90英尺高的砖结构建筑。只要鼓楼的鼓一响起，钟楼的钟也随之响起，这口铸于永乐年间的大钟重约两万磅（按：译者认为计算有误），40华里之外可听到这钟声。关于这口钟的制造有个浪漫的传说……

鼓楼大街向东一英里路北就是顺天府，建于元代忽必烈时期，即1264年。当时这里叫大都路，为兵马大元帅的驻地，明朝改名为顺天府。

（阿灵顿《古都旧景》）

大钟上铸了八万多字

钟楼非常值得一看，这里悬挂着世界上最大的青铜钟。这口钟最宽的底边周长34英尺，重12万磅（按：译者认为数字上基本准确）。1406年，明永乐帝下令铸造了五口这样的钟。据说，铸钟期间，曾把8个人投入熔化的铜水充当祭品。如此，每逢重要的节日，当钟被敲响时，就能发出优美的共鸣声。为了防止声波反射，把钟给

大钟

震坏，还在悬挂大钟的顶部旁边的屋顶处开了个洞，大钟挂在钟楼上如同倒置的一个风铃。永乐大钟的内外密密麻麻铸满了文字，足有 8.4 万个，每个文字约半英寸。距钟楼很近的鼓楼是元大都的遗迹。这座建筑上的大鼓，负责整个北京城的报时职能。鼓楼在清乾隆时期曾被修缮，这座建筑也是观看周边优美风景的制高点。

（苏珊·汤丽《我的中国笔记》）

荣源府邸

荣府位于城北，离皇宫后门不远。府邸是中式构造，砖石铺成的地面，许多间平房构成了迷宫一样的庭院。内院门口有黄绿相间的雕花木制影壁，进入内院须绕行。府内有西洋电灯、电话，还有取暖设施。

（格蕾丝·汤普森·西登《中国灯笼》）

后门大街育婴堂

起初育婴堂在崇文门外，后来搬到北城的后门大街。至 1918 年

钟楼与鼓楼

共有一百三十名婴儿，其中一百一十一名是女婴。育婴堂规定，这些弃婴，一岁以内的喝牛奶；一岁以上两岁以下的喝牛奶、吃蛋糕；两岁到三岁的喝米粥、牛奶，吃蛋糕；三岁以上的孩子，吃正常餐。这里有奶妈喂很幼小的婴儿，一个奶妈要喂养三个婴儿。育婴堂的孩子要接种三次牛痘疫苗。若有婴儿死亡，必须在埋葬前接受警方的尸检。

（甘博《北京的社会调查》）

我看钟楼与鼓楼

人们可以在紫禁城之北、两城墙之间看到钟楼和鼓楼，要了解钟鼓楼需要知道点历史知识。

钟楼和鼓楼的建筑时间是不同的。相比身躯庞大的鼓楼，钟楼显得非常隽秀。钟楼整体都是砖结构，汉白玉的拱门和护栏，其护墙与清乾隆时期的多数建筑一样，为砖砌女墙。元代也有一个位置稍微偏西的钟楼，后来被建于 15 世纪明永乐年间的钟楼取代。但是，那个钟楼毁于 1745 年的大火。后来钟楼被重建，也就是如今我们看到的这个钟楼。

鼓楼与钟楼的建筑风格截然不同，它比钟楼宽两倍之多，且下端是庞大的土筑城台，外表再用砖包甃。它有两道券门。鼓楼上端建有一个巨大的楼阁，楼阁是双层双檐式，外有回廊。现存的鼓楼虽经重修，但也还被认为是元代鼓楼。它具有古代建筑的传统风格，可称为里程碑式建筑。如果你将其与北京城那些早期建筑相比，如建于明代和清初的紫禁城午门，它还是具有自己独特的早期建筑的特点，即简朴的斗拱、笨重的体态。又因鼓楼位于通往皇宫的街道起点，地势较高，所以给人以气势雄浑的感觉。另外，它也许是北京现存年代最久远的类似人们称之为“台”的建筑。

（喜龙仁《北京的城墙和城门》）

钟楼的风铃泠泠作响

一天，我们换了一条新的路线去散步。我们走到一座古建筑前，门口有两个石狮子，一雄一雌。雄狮爪子下面有一个球，雌狮脚下是一只幼狮。狮子守护着这座紧闭着大门的古建筑。

我们沿着小巷来到钟楼，木质的结构看上去已经很破旧，但从它的外表我们仍然能感受到它的精美。飞檐上的风铃发出清脆的声音。

穿过高墙下的小道，我们来到一个宽敞的广场，看见一群小孩在一口井边打水。在这个似乎被人们遗忘了的地方，我们还看见一些驮在乌龟背上的石碑。石碑上雕刻着各种龙的图案。在院子的空地上静静地躺着一口大钟，我们上去拍拍它，它只发出闷闷的声音。

（多萝西·格雷《穿过月洞门》）

第六辑

皇城东西　双翮相护

皇城之东翼与西翼，会带给我们很多惊喜吗？请静心品读九位作者书写的六十一个记述皇城东翼和西翼的文段，您会不由得难以释卷，在旧景与往事中低回，更会有万千感喟心中升。

恭王府西洋门　张维志绘

皇城之东翼，从崇文门内外到国子监、孔庙

在哈德门大街买药与租房

人力车夫拉着我们在使馆区的路上奔跑，两旁的大门向后闪去。大门前的石狮子让人感到恐惧，门前站岗的士兵警惕地朝两边巡视着。驶出使馆区，街道上尘土飞扬，一片低矮的建筑，屋里不时传出各种怪声，我们看见窗户都装饰着花边的一家店铺、彩绘的牌楼、跳绳的小孩和头发梳得光亮、扎绑腿的女人。我们被告知，这里是哈德门大街。

那天，我们去哈德门大街上的一家美国药店买些抗寒的药，想在北京寒冷的季节到来前，先服用一些，以提高免疫力。我们顺便问药剂师，他是否知道有要出租的房子。无巧不成书，他还真有这方面的信息。

根据他的信息我们前去看房，这个房子完全符合我们的要求。藤萝爬满了院墙，透过弧形的月亮门，可以看到院子里的窗户。窗

哈德门（崇文门）内的沿街商铺

户是红木的，糊着透明的窗纸，屋顶房椽子露在外面的一头被涂成鲜艳的绿色，上面有浮雕，门柱上则雕刻着莲花。这是个不太大的宅子，有两个向阳的院子，有五间正房，还有厨房和用人住的房子，这里竟然装有电灯和自来水！

（多萝西·格雷《穿过月洞门》）

花市、磁器口、金鱼池

哈德门是使馆区东端的一座在内城南垣最东边的城门，据说这个名称可追溯到元朝。

过桥左边第七个转弯是花市，它因手工制花和便宜珠宝而闻名，这里是妇女们购物的理想场所。路北离花市不远是火神庙，它始建于明隆庆二年（1568），于清乾隆三十二年（1767）重建。

从花市穿几个胡同，就是法华寺，它是明景泰帝的大太监修的。有一种说法是，它是城内的大报房胡同那个法华寺所管理的。从法华寺出发，沿街向西到达天坛的北墙，距天坛围墙东北角不远就是磁器口，人们管它叫瓷器坑。据说在明嘉靖年间建庙时，在这里发现了许多瓷器碎片，后来这里也是销售古玩的场所。这条街里有一条小胡同人称“贼市”，据说是“盗贼的集市”，但中国人称它为“晓市”。

天坛北边过去有很多养小金鱼的鱼池，据说人们早在 12 世纪就开始在这里养金鱼了。这里曾建过一座瑶池寺庙，名字源于西王母娘娘玩耍的瑶池。以前这里有很多个养鱼池，在近二三十年，金鱼被放在木桶里饲养，但是因为缺少鱼虫成活率不高。

天坛西北角向北有一胡同称精忠庙胡同，因为这里有一座纪念岳飞的精忠庙，院中的石碑上镌刻着他的业绩。

（阿灵顿《古都旧景》）

哈德门外的地毯

北京地毯在世界上享有盛誉，每年有数千块地毯销往欧洲或美国。这些地毯都是纯手工编织的，哈德门外的几家店就编织这样的地毯。由于订单都是早就签好的，散客不会在短时间内拿到货。这里的地毯是按尺数出售的，每尺会编织一百至两百股毛线，虽然价格高，但质量好，非常值得购买。另外这里的地毯用料多是驼毛和牦牛毛，这些材料的缺点是气味难闻。当你选择小块地毯时，要格外仔细，因为图案的花纹是人工染色，蓝色、黄色、粉红和砖红色一般都不易褪色，而绿色就不行，黑色容易生锈斑。

（裴丽珠《北京纪胜》）

买地毯的故事

为了能买到一块羊毛地毯，我们可谓费尽周折。最后我们来到位于哈德门后一个黑漆漆的厂房，这里的场景让人心酸。在巨大的织机旁是一群干活儿的童工，二十多个男孩坐在一条长长的凳子上，面前是紧绷的彩色线条。他们在线条上编织图案，然后剪掉线头，再将毛刮出绒捋顺。厂房里的气味让人窒息，库房里成堆的地毯上落满灰尘。每当店员拽出一块地毯，抖去落在上面的灰尘，向我们展示时，成团的毛就会飞向空中，我们赶紧跑到院子里躲避灰尘和飞絮。最后我们只好透过窗子看他拿出的一块块地毯，审视地毯上

地毯加工

的图案，费了半天劲，我们还是没有选中心仪的地毯。

我们不甘心空手而归，又到收藏旧地毯的前门一带的古董店去挑选。在那里，老板不会信口开河，而是告诉你每块地毯背后的故事，有些故事令我半信半疑。在这里我们看到各种地毯，有几乎全新的，也有破烂不堪的，店主说无论新旧全是乾隆年间的地毯。

（多萝西·格雷《穿过月洞门》）

买瓷器

接着我们去哈德门外的瓷器市场置办餐具，这里的东西真是应有尽有。有瓷质的圆凳、大理石浴缸、黏土砂锅、成摞捆好的盘子。我们买了饭碗、茶叶罐、调味品小罐，还买了一口大水缸。然后我们继续在其他店里买了小碟、小碗、大盘、大碗和汤碗。有点遗憾的是，我没有买到带把儿的水杯和非中式风格的餐具……

（多萝西·格雷《穿过月洞门》）

哈德门外买鸡

圣诞节期间的哈德门大街更加热闹，关在柳条筐里的火鸡扑棱着翅膀。卖家会抓起一只鸡的翅膀，将其拎出筐外，让顾客看，并熟练地给鸡称重。有的买家也会捏捏鸡的胸脯，看看其细嫩程度。集市上还有吊挂着的野兔，也有鹿肉，还有牡蛎等贝类的海产品。

（多萝西·格雷《穿过月洞门》）

哈德门内的店铺

哈德门大街是一条贯穿南北的重要交通干道，每天行人络绎不绝。这个地区报房胡同的店铺主营日用品，诸如食品、油和布匹之类的。在这里还有一些有特色的胡同，统称弓箭大院。这些胡同远离热闹的大街，有很多制作弓箭的作坊，有些作坊制作的箭尾还带有羽毛。有的作坊还生产弹弓，小孩子们会买这些弹弓去打鸟。这里还有金店和银店，还有制作铜水壶、盘子和托盘的店。店里的伙计用锤子不停地敲打铜板，然后打成所需的厚度和形状。这里还有古玩店、布店、茶叶店、苇席店、寿衣店和剪刀铺等。

弓箭大院的店铺名称有宜园煤油店、洪源酒店、永盛铜器店、得宝古玩店、东顺古玩店、茂盛颜料店、瑞兴和茶叶店、糕点店、烛明斋馒头店。

（甘博《北京的社会调查》）

我听到观象仪器的心里话

这次写信，我想跟你说说我新发现的宝藏——北京观象台。它位于一个面积很大的砖石建筑上，高出内城的城墙。观象台是面朝

观象台上的仪器

古观象台

东的，砖石砌成的露台呈向上的坡道状。具有三百年历史的仪器在这里保存得完好，尽管它们一年四季都在露天放置，饱经风吹日晒，但你根本看不出任何受损的痕迹。这些大型的测量仪与它们的轴依旧保持很精准的角度，而且转动自如。仪器的底托上刻着龙的图案。

观象台脚下有一座庙，存放着两件天文仪器。据说这两件仪器有五百年的历史，一件是由一系列容器组成的滴漏，水在精准的压力和时间控制下，缓慢地流到容器里；还有一件是日晷仪。我经常来这里参观，兴趣渐增。更重要的是，我学到了很多知识，好像我能听懂这些仪器的心里话。

（萨拉·康格《北京信札》）

贡院，艰难的考试

每三年，就有为数可观的考生到此参加科举考试。考场是宽四英尺，约三百英尺长的棚子搭成的屋子，这些屋子都是朝向南面的。每个屋子之间有大约四英尺的窄通道，屋子顶端的房檐向两边延伸用以遮挡强光，屋子里有一个木凳和一张桌子。考生要在自己被指定的房间里考三天，然后休息一天，再继续考三天，考试期间考生不得离开房间。这里可以容纳一万六千人参加考试。

考生进入考试的屋子后，才能看到考题。

（萨拉·康格《北京信札》）

贡院是个小“牢房”

依我看，贡院就是个连成一大片的小牢房。每三年，来自全国

贡院

各地的一万人到这里来参加进士考试。经过几考，最后选出十篇文章，由皇帝亲阅，皇帝圈定三人：第一名状元，第二名榜眼，第三名探花。这些人就可以在官场上谋事，他们的家也会被赐挂金匾。

如今这些小考棚已成为被遗忘的角落，难以想象那些学子要被关在小棚屋里三天两夜。他们不能伸展身体，一块木板当座椅，一块木板当书桌，他们得有多么强的忍耐力呀！我还听说，万一哪个考生中途丧命了，他的尸首是不允许从大门被抬出去的，只能在墙上打个洞，从那里被运出去。

（立德夫人《我的北京花园》）

贡院，考生若是意外死亡

哈德门附近还有一个已经被毁的地方——贡院。现在贡院里只有一些石头地基的亭子。建于明永乐年间的贡院，实际上就是若干间牲口棚似的小房子，但是其意义深远。每三年全国成千上万的考生聚在这里参加考试，考试成功者就有机会谋个一官半职的。考试期间，考生被关在单独狭小的屋子里三天两夜，完成答题，屋内只有一张桌子和一把椅子。

一旦考试开始，考场大门就封闭不再打开，若这期间考生意外身亡，相关人员会在墙上打个洞将尸体运出。关闭大门的原因之一是，试卷保密、杜绝考生作弊。

清光绪帝曾在1898年变革中试图改变这种不合理的考试制度，但是直到1900年后，慈禧太后才将传统的考试制度废除（按：1901年废八股，1905年废科举），从此贡院退出历史舞台，这片地也随之变成荒凉之地。当年重修外国公使馆时，很多材料都是取自这里。

（裴丽珠《北京纪胜》）

贡院的点名处与办公房

在哈德门大街入口处，过去曾矗立着一块巨大的清政府建的克林德坊。克林德坊建于1901年，1918年第一次世界大战结束时拆除，后又修，改名“公理战胜”坊，移到中山公园。

继续向南，哈德门大街东侧166号过去是怡亲王府。怡亲王是雍正皇帝的十三弟。离开哈德门大街向东是观音寺胡同，胡同的一头是一大片空地，现在是北京城里堆放垃圾的场所，而以前这里是贡院。它的面积很大，四周是高墙，只有南侧有两扇大门，东、西各一小门，南侧的门之间的三层建筑是明远楼，这里是考生点名处。院北是十八房，为考官的办公地，东西有约八千五百间房子，每间约高十英尺、宽五英尺，考生在这里完成考试。

（阿灵顿《古都旧景》）

总理衙门附近的住宅

初到北京，我们先在北京西城外的一所寺庙住了一个夏天。秋天，我们在靠近总理衙门的地方找到了合适的房子。它位于满人城的东南角，空间大得可以当作学校使用。房子的前主人是个清朝官员，有四房太太，其中一个在这个院里自杀了，所以我们租这房子的租金不高。房子是砖地面而不是木地板，当时中国北方还不流行使用木地板，但是中国女人很聪明，她们把鞋底用很多层布缝在一起，厚厚的、软软的，如同踩在地毯上一样。但是我们还是把砖地面换成了木地板，然后住下来。

（丁韪良《花甲忆记》）

同文馆中的师与生

办同文馆的目的在于训练一批青年学生，使他们能出任公职，特别是能在国际事务中代表政府。最初建同文馆是因为中英条约中规定，英方致中方的公函在三年之内会附送中文译本，而中国政府必须要培养出一批合格的翻译员。所以 1862 年开设了英文班，后来又有法文班和俄文班。

英文班的第一任教习是包尔腾先生，后来是傅兰雅。因傅辞职，总理衙门选定我来当教习。当时同文馆学生少，薪酬不高，我对这个职务没有太大兴趣。但蒲安臣对我说："这个职位是不大，但你可以使它变大。"可见他对同文馆充满了信心。同文馆选址是在原军机大臣赛尚阿府上，他因剿太平军叛乱失利被投入监牢，此房子就被没收了。1886年又有新教习来任职，同文馆新建了一批房屋，以后又陆续盖了一些平房。按照标准，房间里都有地砖，但没有什么装饰，每个主建筑前都有一个院子，两侧有较矮的小厢房。整个同文馆有七处这样的四合院，住馆学生和馆役把厢房作为寝室。同文馆虽没有皇宫那么宏伟壮丽，但建置很伟大。

同文馆的学生理解力很强，在实践中也耐心地应用所学知识，故各科学得都很好。他们最喜欢化学，我猜想他们中一部分人是受中国炼金术的影响吧。一次，一个学生身上着了火，原因竟是他痴迷化学，将一根磷棒藏在上衣兜里，谁知这根磷棒不是那么好藏的。

但是对外语学习，他们就是另一番情景了。也许他们对本国文字情有独钟，也许是因为英语的单复数、人称变格、发音的不同吧。

同文馆的学生要用八年时间完成课程，但不发文凭，学业优秀的学生毕业后会被授予官职。馆内有四人管理学校财物并协助管理学生。当然，学校的学生很容易管理，他们多数在家已养成顺从的习惯，还有些人本来就是安静型的。我在同文馆教学达二十五年之久，从没有发生学生闹事的事件。

同文馆的毕业生在外交界或领事馆任职一两期后，在等待新的任命期间，可以回同文馆复学。他们会被授予副教习的头衔，负责班级教学，也可以被聘任为正式翻译。几年前有两位学生就是这样的，他们从海外归来，担任光绪皇帝的英语教师。光绪皇帝尊重老师，允许他们在他面前坐着，而其他大臣都必须跪着。由于皇帝每天凌晨 4 点上英语课，老师们半夜就要起身入宫，还要等上好几个小时，实在很累，皇帝就特许他们两人共同承担教学任务，这样皇帝就有了两位英语教师。皇帝上课很准时，阅读、写作也有悟性，但是口语比较差。为提高口语，我先审定对话练习，交皇帝课前抄写。皇帝刚开始学英语的时候，宫中也出现了英语热，亲王大臣都纷纷寻教材，聘请英语老师。

（丁韪良《花甲忆记》）

立着“祖宗杆”的堂子

堂子（一座黄琉璃瓦的小型建筑）位于旧皇城的东南角，在北京饭店以西约一百米，建于 1901 年，它是从原址即现在的意大利使馆迁到这里的。

金代，这里叫小南海，在两条小河的交汇点，金朝第一位皇帝修了承水阁，明万历三十年（1602）改名为涌福阁。1900 年新堂子建在这里，朝廷中最著名的占卜家将堂子选址在此是希望能给清王朝带来好运。

堂子是清代皇家私家庙宇，它与太庙的作用相反。在战争时期或悲伤痛苦时，皇帝会来这里向祖先倾诉他的苦衷，正月初一他要

南池子

来此祭奠祖先，并献上祭品。满族的胜利离不开骑兵，所以这里的马神享有特殊的地位，同时，马也享有很好的待遇。

院中有一根九英尺高的柱子，名“祖宗杆”。杆顶上有一个铜盘，里面放着鸟食。关于这祖宗杆还有一段故事呢……

1926 年，国民政府拆除了一些宫殿和城墙。现在，堂子成为私人的领地了。涌福阁边的“河”，准确地说是“溪”，最近也被填了，修成了马路，取名为南河沿。清代，皇城的南城墙是连着的，要进入紫禁城只能从东边的东安门进去。1900 年，八国联军在这里破了一个洞，1912 年修好，现在又打开了。1900 年夏天，就在这高高的红墙后边，飞来的炮弹炸毁了英国使馆，堂子西边的空地曾是射击场。欧美同学会就在南河沿的尽西边，它的大门仍是中国传统风格。这座现代化的建筑的原址是普胜寺（石鞑子庙），该寺建于顺治八年（1651），为了纪念满族人统治中国。院中还立着一座用汉、满、蒙三种文字记录历史的石碑。沿南河沿继续向北走就是北京协和教堂。

（阿灵顿《古都旧景》）

北京饭店的新年晚会

阳历新年，北京饭店一片喜庆气象。

乐队演奏着欢快的爵士乐曲，舞台中央摆放着挂满装饰物的圣诞树。人们举着盛有琼浆的高脚杯，互相祝福。精心打扮的女人更为庆典增色。午夜刚刚参加了化装舞会的人，来不及换下装束就纷纷赶到现场。对于外国人来说，这是最快乐的时光。在庆典中也有约三分之一的中国人，有些年轻的女孩穿着漂亮的旗袍，男青年穿着晚礼服，他们在乐曲中自由地跳着舞。

（多萝西·格雷《穿过月洞门》）

莫理循大街

离开台基厂穿过宽阔的东长安街，向北就是繁华的王府井大街，王府井因路西警察局对面的一口井得名。现在这井还能用，上面盖了个铁盖子。外国人也管这里叫莫理循大街，莫理循是英国《泰晤士报》的记者，曾住在大街西侧98号，现在是一家外国公司的办公地。在这里要提一下梯子胡同，这里曾是《京报》办公地点的入口，《京报》的办公地点现已成为中文报社的办公地。

（阿灵顿《古都旧景》）

王府井大街的工厂

王府井大街，英国人比较喜欢称其为莫理循大街，它是以袁世凯总统的法律顾问莫理循博士命名的。在灯市口地区的四条大街中，王府井大街住户很少，故这条街很清静。大街两旁的院落非常少，仅有二十六所。然而哈德门大街竟有一百一十五所，其中三分之二为居民院落。这里的店铺多从事木材加工生意。这里最有名的建筑是一座旗人的衙门、一座布匹加工厂及国际改良局总部。

北京的工厂通常是私人经营，只有一家是政府主办的，它是专为救济贫困的满族人所办的织布厂，位于莫理循大街。此厂建于三十年前，工人经过三年学徒就可以领到每月四元的固定工资。这里的工人包吃包住，工作出色的月底还可以领到奖金。工厂以广告形式招男学徒，审查合格后，住在厂里，不能外出。他们每天需工作十二个小时，早上 6 点开工，到晚上 6 点下班。

（甘博《北京的社会调查》）

在莫理循大街购物

为了布置新家，我们到莫理循大街选购椅子和床。我们挨家逛了每个卖家具的店，仔细查看材质和做工，对比价位，最终买齐了想要的椅子和床，还额外买到一个餐桌。在等搬运工的空隙里，我们又逛了另一个店，买了个浴盆。

（多萝西·格雷《穿过月洞门》）

东安市场

北京协和医院是由美国洛克菲勒基金会创建的。这里原是豫亲王府，豫亲王是清初八大“铁帽子王”之一。沿着王府井大街向前，路东摆满了自行车，总是人来人往的拱形大门就出现在眼前，它就是著名的东安市场。这里到处是各式各样的小货栈和商店，你可以买到任何东西，且价格便宜。小到一分钱的瓜果种子，大到收音机。这里还有各种各样、各种档次的餐馆、茶馆、戏院。这个很现代化的市场在清晚期就存在了。出北门离开东安市场，就来到金鱼胡同，这里过去是卖金鱼的市场。向西走几步就是王府井大街，对面是通往东华门的东安门大街。

（阿灵顿《古都旧景》）

东安市场里的欢乐

我最爱做的就是逛东安市场，一边溜达，一边在琳琅满目的货摊上挑选自己喜欢的泥玩偶。这些玩偶不但造型生动，而且只需付几个铜板就能买到手。只要花六便士就能买到一个婚礼场景的泥塑，花一个铜板就可以买到造型精致的玩偶，如扛锄头的农夫、诵经的牧师、身着长袍自我陶醉的乐手、一个用脚后跟踢毽子的快乐男孩（这种姿势难度很大，尽管香华教我多次，我都没学会）、两个盘腿下棋的白胡子老人、一个头戴羽饰手握宝剑的花脸将军、一个笑眯眯的老仙翁（仙翁一手托着红石榴，一手拄着有嶙峋树节的木拐杖）。若全部买下这些，也就是两个先令的事。你可以用棉花包好，分别放到小纸盒子里带回家。

（谢福芸《潜龙潭》）

外交部街

由灯市口大街出来向南，在第五个路口向左转是过去外交部的旧址。1900 年义和团运动后，总理衙门改组为外务部，1911 年改名外交部。总理衙门位于外交部街北，即旧外交部的后面。

总理衙门的后面是同文馆，它建于清咸丰十年（1860），是为海关和外交部门培养翻译人员的机构，也是中国政府办的第一个外语培训学校。

下一个路口向南就是总布胡同，北侧红墙琉璃瓦的建筑是中国著名的政治家李鸿章的祠堂，是慈禧特别恩准修建的，这是北京城

总理衙门旧照

里唯一的汉人祠堂，现在已是民居。

（阿灵顿《古都旧景》）

甘雨胡同的养老院

甘雨胡同里的养老院有五十名老妪，她们在这里安度晚年。只要一进入养老院，她们就不会再为生计奔波。“花钱最少，生活最幸福”，就是对她们生活的描述。养老院每天发给老妪们一个铜板让她们自由支配。

养老院的前身是避难所，美国大使夫人康格从美国募集了一笔资金，将收留贫困妇女的避难所改建成养老院。

这个养老院是我们在北京见到的最干净整洁的慈善机构，一切都光洁如新，老妪们穿的衣服总是一尘不染，干干净净的。

（甘博《北京的社会调查》）

香椿与臭椿

使馆区北墙外是椿树胡同，椿树是一种在中国极受尊敬的树。细看，我们会发现有两种椿树，一种是香椿，另一种是臭椿。中国人觉得，若臭椿长得太高大，就会给住在院子里的人带来厄运。可香椿就不一样了，它的叶子还可以当菜吃。中国人比较迷信，民间素有说法："前不种桑，后不种柳。"但是他们却不反对在公共地区或政府机关前种桑树或柳树。

（阿灵顿《古都旧景》）

雷神庙、雨神庙和风神庙

北京城里还有几百座西方人不太熟悉的庙宇，而中国人都很虔诚地供奉着这些庙里的神。也许是因为皇帝的超级大脑具有宏富的抽象思维功能，而普通民众只能依托一个个具体的神像寄托他们美好的祝福吧。因此，你会看到至高无上的神和灶王爷享有同等的待遇。

每个自然界的神都有独特的风格和独立的庙宇。云神就被供奉在凝和庙，此庙位于皇宫的东面，是绿色的琉璃瓦顶。它始建于

1770 年（按：应为 1730 年），可是现在已成为普通的交通岗楼。与它同时期建的位于紫禁城西侧的雷神庙即昭显庙，也被用于教育机构，其原因也许是人们不再对雷具有恐惧心理了吧。

雨神的状况要稍好一点，昭显庙旁边的福佑寺就是供奉雨神的，这里的雨神掌管降雨大权。此庙建于 1723 年，起初是佛教寺庙，后来成为喇嘛庙，虽然此庙现在已经废弃了，但是其黄绿相间的屋顶依然是西华门一带最漂亮的建筑。

出于对宗教的热情和创建精神，康熙帝还将明朝时期的军营改成了寺庙，即位于福佑寺对面的万寿兴隆寺。据此庙的碑文记载，此庙始建于 1700 年。随着时间的推移，这座寺庙成为老太监们的退养之所。这座庙非常受清朝皇帝们的青睐，包括退位的宣统皇帝，他们都为这座庙捐过香火钱，还题过匾额。庙中有一座保存完好的佛像，一般人是看不到的。院中有一棵梓树，当有宗教活动时，它可以起到很好的遮阳效果。请想象一下那情景：信徒们坐在郁郁葱葱的树下，微风拂来，柔软的枝叶轻轻摇摆，鸟儿自由地歌唱，而信徒们在此参悟人生……

祭风神的圣地是宣仁庙，它和凝和庙在同一条街上，只是稍靠北一点。你可以想象当 1738 年（按：实际应为 1728 年）此庙刚建成时，南风轻轻吹拂漂亮的祭坛，北风呼啸掠过，东、西风也赶来凑热闹的景象。可是现在它们下岗了，也许去蒙古草原从事更艰巨的工作了吧。它们的祭拜者也四分五裂，现在这里由一个政府部门管理。

帝都还有一座著名的庙叫“堂子”，可惜在义和团时期被烧毁了。离堂子不远有一个喇嘛庙，即大黑天庙，它建在一个十五英尺高的平台上，这原本是明朝的宫殿，是明正统皇帝从蒙古返回北京时的住所。

（裴丽珠《北京纪胜》）

灯市口的“二郎神庙”

哈德门大街东侧、灯市口对面，有一座不起眼的小庙叫二郎神庙。它的历史很古老，外国人也叫它“狗庙”。庙前的石碑和鼎可追溯到唐朝。庙里有个不到十二英尺的小房间，摆满了祭坛、神龛和神器，供桌下是一个泥塑的小狗窝。现在一位姓萧的人家管理这座庙，他们称自己是一千三百年前萧道士的后人。

（阿灵顿《古都旧景》）

灯市口与法华寺

明清时，灯市口道路两边都是卖各种灯笼的店铺，每年正月十三至十八灯节时，这里前来观灯的人可谓人山人海。随着民国政府多次废除灯节，灯铺也就消失了。

灯市口向北第三个转弯处就是报房胡同，胡同里面有座古庙叫法华寺。北京有两个法华寺，这里是“上寺”，“下寺”在外城。沿报房胡同向东，在哈德门大街向南，左侧就是内务部街，这条街名字源于街内的内务部。再向东就是大方家胡同，胡同中间北侧是已破败不堪的土地庙。

（阿灵顿《古都旧景》）

灯市口商业区

灯市口周围有四条100英尺宽的道路，用这四条路把灯市口和其他地区划分开。灯市口地区呈一个1.8平方英里的正方形，大道两侧和这个中心区基本上是商业店铺和作坊。这里出售的商品都极具特色，多数商品都能吸引行人的注意力。居民多居住在胡同里。

灯市口地区最引人注目的是美国公理会的建筑，它对面是一所美国教会学校和一个小教堂。这个地区还有几个值得关注的建筑，比如蒙古王爷府邸、警察局、两个旅馆和几个书店。

（甘博《北京的社会调查》）

王府井大街与锡拉胡同

王府井大街向北，左侧第一个转弯就是锡拉胡同。许多王公显贵都在这里居住过，其中有1911年辛亥革命期间退出政界的袁世凯。但它名气大的主要原因是，慈禧皇太后在这里出生并长大。咸丰七年（1857），她为皇室生下皇子，皇帝特许她回家探望。当她乘坐皇轿回来时，所有的亲眷都跪拜迎接。

锡拉胡同北面、王府井大街东面就是东堂，是康熙五年（1666）由南怀仁教士创建的。这块地原是康熙帝赐给汤若望教士的，但汤若望教士过世，工作由南怀仁接任。不幸的是，这座教堂在1900年被烧毁。

（阿灵顿《古都旧景》）

北河沿和几个庙

穿过东华门和东安门之间的马路（1933年拆除东安门），向北就

嵩祝寺

是北河沿，左边一块空地上有一个巨大但有些丑陋的外国式红砖建筑，这就是北京大学，人们常称它为“北大”。这里以前是马神庙，1894 年，京师大学堂建在此地。1910 年，红砖房“北大”建在这里。

沿街继续向北，至北大西边的街上有一组寺庙（称为三合一），中间是嵩祝寺，东边是法渊寺，西边是智珠寺。法渊寺里有一个 6.5 英尺高的铜制三脚台。智珠寺里有一个铸满梵文的铜钟，这些寺都是康熙年间建的。过去有 100 多个蒙古喇嘛住在这里翻译、刻写西藏和蒙古经书，现在只剩下 50 多个了。

（阿灵顿《古都旧景》）

北池子和凝和庙

现在我们来到北池子，东侧角是建于清雍正六年（1728）的风神庙。它还被冠以一个很优雅的名字——宣仁庙，现在是北京医学联合会总部。

沿街走一半的路就是建于清雍正八年（1730）的云神庙，又称凝和庙，现在是公共场所。这里的东华门88号附近是武备院，它是明朝的军事建筑。穿过通向东华门的大路就是南池子，这里住着许多外国人，向东再向南就是非常显眼的玛哈噶拉庙，外国人称它为蒙古庙，住着蒙古喇嘛。清乾隆四十一年（1776）重修时，改名为普度寺。寺庙有它独特的建筑风格，房顶是两层屋檐，关于这两层屋檐也有传说……

（阿灵顿《古都旧景》）

热闹的隆福寺庙会

北京几乎每天都有庙会，庙会有宗教性质的，也有卖各种小玩意儿的地摊。在庙会，你可以买到各种东西，如鸟、狗、金鱼、铜管乐器、首饰、古玩等，还有生活必需品，如筐、篮之类。庙会上，人们还能看到各种表演项目，如拳击、摔跤、说书、变戏法等。北京人逛庙会的乐趣就是凑热闹。隆福寺庙会在北京最有名气，这里的庙会一个月就有三次之多，每次可持续两天，分别是阴历初九至初十、十九至二十、二十九至三十。另外护国寺庙会在每月阴历初七至初八、十七至十八、二十七至二十八举行。商人和艺人们会在这两个庙会来回奔波。

（甘博《北京的社会调查》）

女人与鸟

有一次在庙会上，我看见一个蒙古女子，她身着鲜艳的大红色衣服，衣服上有很多压出的褶，她用衣服把自己裹得严严实实。待她蹲下身子，我见她头上扎了块绿色围巾，耳朵上戴着镶嵌着绿松石的银耳坠。

在隆福寺门外的一个鸟市，她站住脚，盯着各种鸟看。这里有蓝色羽毛的外国鸟、马尾鹦鹉和白色的鸟，鸟儿时而发出叫声，看样子这女子是完全被这些鸟吸引住了。

隆福寺大门外的庙会真是个人山人海、物品丰富的大卖场。有的女子挑选头花，还插在头上试试效果；有卖鸡毛掸子的，有的掸子高得出奇；有算命的先生为人卜卦；高台上还有摔跤表演。

（多萝西·格雷《穿过月洞门》）

第一所“艺徒学校”

1907 年，京师督学局在京城西北角扁担胡同建立了第一所艺徒学校。这所学校的学制为三年，设有机器操作、木工、电镀和肥皂制作专业。招收十四至二十岁的学生及小学毕业生，学生一律参加入学考试。学校免收学费，但第一年要交教材、工具、制服和文具费。学校课时为第一、二年每周三十九学时，第三年每周增加三小时，即四十二学时。前两年学生要每周在车间工作二十至二十一小时，第三年工作时间为三十六小时。学校还开设其他课程，如英语、算术、阅读、物理、化学、绘图设计。学校车间有现代化的设备，可以制造简单的机械，学生毕业后，可当学徒工，也可独立开作坊。

（甘博《北京的社会调查》）

皇帝在孔庙祭拜

孔庙给人一种庄严肃穆的感觉，庙内有很多建筑，各有特色。最宏伟壮观的大殿里有一座供奉孔子的碑，每每皇帝来孔庙都要在这碑前祭拜，孔庙里多数的碑都是孔子的后人学者立的。

（萨拉·康格《北京信札》）

孔庙中的“万世师表”牌匾

孔庙中的中国圣人

孔庙和国子监这一组建筑也是备受人青睐的。顺着哈德门大街一直向北，我所住的花园有条小巷就通向这里。北京的孔庙和全国

旧时国子监辟雍宫

各地的孔庙建筑相似。孔子可以和柏拉图相媲美，但孔子对弟子的教导和约束力更胜一筹。在孔庙孔子的牌位上，我们没有见到雕像或画像，只有用汉、满文刻的“大成至圣先师孔子之灵位”。

大殿前有很多树龄千年的柏树，院两侧有殿堂，供奉着上百位圣人先贤的牌位，东面的牌位均以思想道德闻名，西面的以学识闻名。

庙的中院有六座石碑，记录了康熙、雍正、乾隆皇帝的丰功伟绩。还有一批石碑上刻有中进士的每个人的姓名和籍贯。

更多的人来孔庙是想目睹主门廊下的两排十块石头——它们被称为“石鼓”。这些石头经风蚀雨侵，已见沧桑，上面刻的文字也已经磨损。

国子监位于孔庙的西边，它进门后有一座精美的牌坊，顶部有黄绿两色的琉璃瓦，三个镶汉白玉边的拱门。以前，孔庙是讲学的地方，乾隆皇帝为使孔庙更完美，故在它旁边修建了这座方形的殿堂。殿堂黄瓦重檐，殿顶有一个硕大的金球，大殿四周有回廊，一水儿的木支柱，周围是汉白玉的栏杆。其外周有水域，四方有跨桥。

（立德夫人《我的北京花园》）

皇上临座辟雍宫

孔庙又称大成庙、文庙、先师坛，民国时改回原名——孔庙。中国各地都有孔庙，北京的孔庙建于 13 世纪末（按：实际上北京孔庙建成于 1306 年），后经多次维修，特别是清康熙和雍正年间有两次大修。庙顶由原先的青色琉璃瓦换成皇家专用明黄色。过去孔庙的正门只能让皇帝通行。

从西侧进，是先师殿，进到院中可见历朝进士的题名碑。院中还有两个亭子，里面有乌龟驮着的石碑，石碑上刻有孔庙的历史。

大成门之内的游廊通向主院，游廊里有十个黑色花岗岩石鼓，传说这是周朝的文物。

主院里是大成殿，高五十英尺，房顶的柚木多来自缅甸和印度。汉白玉台阶上是月台，门前是三组十七级的台阶，中间的龙陛刻有精美的龙图案，月台上有个黄色的亭子，里面是十一座石碑，记录着清代康熙、雍正和乾隆统一王朝的征战历程。

大成殿里供奉着木质的孔子雕像，上面用汉、满、蒙、藏四种文字写着“大成至圣先师孔子之灵位”。大成殿后是寝殿，供的是孔子上五代祖先的灵位。每年春天和秋天，特别是在阴历八月二十七孔子生日那一天，这里都有祭祀活动。

孔庙西侧就是国子监，元朝这是一家私人学校，明永乐年间扩建成全国最高学府。现在的国子监和原来的已大相径庭了。乾隆四十八年（1783）这里修了辟雍宫，其中间是圆顶宫殿，四面环水，水上有四座大理石桥，每年二月皇帝来这里讲学。他坐在大殿著名的五岳屏风前的御座上，听课的各级官员则站在通向大殿的石阶上或石桥上聆听。辟雍宫前有一黄色的牌楼，上面写着“圜桥教泽”。

（阿灵顿《古都旧景》）

仍来祭孔的人

现在春、秋两季，仍有人来孔庙祭祀孔圣人，但庙里已没有了祭司。来祭祀的多为政府官员，这里祭祀活动的举办主要得益于儒教学会，这个学会的倡议人是留美博士陈焕章。

（甘博《北京的社会调查》）

孔庙风景

孔庙又名大成庙，这里有风格简约的各种建筑和参天的松柏树。松柏组成了一条通往大殿的林荫道，两旁是许多碑亭，庙中还可见成群的鸽子，有的落在墙上，有的落在院子的地面上。

雕有龙凤和祥云的汉白玉石阶通向主祭坛。大殿是方形的，屋顶上是黄色的琉璃瓦。看上去，这个大殿刚刚被修缮过。

大殿内庄严肃穆，宽阔的地面和干净的墙壁增添了它的朴实感。殿堂中供奉着孔子的牌位，旁边有他四个得意门生的牌位。这里很安静。

离孔庙不远，有一个牌楼，其后面是一座重檐黄瓦金圆顶的建筑。它的周围有精美的汉白玉栏杆，旁边还有一个荒废的花园。这里是皇帝讲学的地方。

（多萝西·格雷《穿过月洞门》）

皇城之西翼，从琉璃厂、克勤郡王府，到庄王府、恭王府

慈禧画的梅花

我买慈禧的画

一天，我到琉璃厂古董店闲逛，看到慈禧太后画的四张桃花（注：后文说是梅花）水墨画。我在宫中曾见过，就挂在太后寝宫的屏风上，我很幸运地买下了这些画。

这些画到手后，我还拿给京城的名家们过目，他们都称这些画是经典。他们还说，如果太后不从政，可能会成为一个大画家，留名青史。

（何德兰《晚清宫廷》）

旧书、旧画和古董的卖场

从大栅栏出来，向西再经过几条胡同，就是琉璃厂，这是一条浓缩了北京文化历史的街道，无论是过去还是现在，它都是旧书、旧画和古董的集散地。清朝的王公大臣、高官显贵常常到这里淘他们喜爱的古书、古画。琉璃厂的名字源于这里曾是专为宫廷烧制琉璃器件的窑址，窑关闭后，原来的窑址，也就是街道的北边，慢慢形成了经营古玩的地方，即厂甸。街一头的空地和街中间是火神庙，每年正月初一至十五都在这里举办庙会，逐渐形成了古玩集市。离开琉璃厂向北就是通往和平门的大街，和平门是距内城最近的城门，也是内城第十个门，1925 年后不再关闭城门了。

（阿灵顿《古都旧景》）

西交民巷—头发胡同—南堂—宣武门

我们从使馆区的西出口开始走，穿过广场就是西交民巷。这里曾经一度想被建成北京的“华尔街”，所以这一带有许多银行建筑。沿着有轨车道向北走就是司法部大街，左边是刑部。继续向北，有一座三面钟的现代建筑，它是建于 1915 年的大理院，大理院的官员由六部的官员组成，每部都有一名督察随行。

街北对面的拐角有一座现代建筑，那是旧交通部。继续向西，马路的北侧有两座宝塔，它是建于金章宗明昌元年（1190）的著名的双塔庆寿寺。

沿顺治门大街的右侧走，在离城门不远处，有一条名字奇怪的胡同叫头发胡同。胡同名字源于一次爆炸。史料记载明朝天启六年

双塔庆寿寺

（1626）五月，象坊北的军火库发生爆炸。这片地区被炸毁，五百人丧生，只有一个小男孩幸存。坐在车里的妇女的衣服都被剐破，散落到昌平十三陵附近，方圆二十五里均可见这次爆炸的景象。爆炸后，人们赶到出事地点，看到的是一堆堆的头发。

城门内的东侧，面对着城墙的建筑是南堂。清顺治七年（1650），利玛窦神甫的继任汤若望神甫获顺治皇帝的特别恩准，把南堂建在天主教教士居住的旧址上。乾隆四十四年（1779）南堂遭火灾，政府拨款重修，义和团运动时南堂又遭厄运。

顺治门也称宣武门，是内城南墙的西门，最近被重修过，整个外墙都被拆除了。宣武门被人们视为不祥之门，原因之一是，根据风水西方代表“不幸”和“折寿”；其次，犯人都要从这个门到刑场，因此，这里被叫作“死门”。

沿着墙根向西，可以看到议会大楼，它是一座现代建筑。大楼建于1912年袁世凯时期，现在被一所大学使用。

（阿灵顿《古都旧景》）

女子师范学校

庞小姐对我说，要想在北京找到女性参政议政的源头，去西城区的北京女子师范学校就行。那里的徐校长对女性参政持认可的态度。爱丽丝·周是女性同等权利协会的会长，在她的领导下，学校里活跃着一个女性参政议政小组。我立即前往女子师范学校，见到了爱丽丝·周，徐校长和周小姐在校长会客室接见了我。爱丽丝·周身穿着一件缝着毛边的灰色绸缎长裙，外套一件黑色丝绸上衣，手揣在羊毛手笼里。我请她介绍一下，她是如何为女性争取选举权和有机会参加其他活动的权利的。她显得很内敛，很优雅地摆了摆她纤细的小手，婉言拒绝了我的请求。但后来，我通过另外一位学生，了解到我想采访的内容。

两个月前，即1922年10月，周小姐及另外三位女士向国会递交了一份申请，要求国会为提高女性地位进行改革。这份申请上还有来自社会各个阶层的五百名女性的签名。她们为此还举办了听证会，参会人员发表了各自的观点，最后形成七条议案并提交国会。

（格蕾丝·汤普森·西登《中国灯笼》）

女子师范学校的主张

北京女子师范学校是中国社会走向进步的一个标志，来自全国各地的学生毕业之后，将回到她们各自所在的城市从事教学工作。周小姐向我介绍了学校的情况和办学目标。

她说："我们学校的办学目标是，把在我们学校就读的所有年轻女子培养成师范学校或中学的教师。以前我们只以培养小学教师为目标，为了满足时代的要求，我们通过自己的努力，现在已达到了开办高等教育的标准，并在过去的两年已加入了高等教育的课程。学校是四年学制，按照专业分为组，再划分为系。目前全校共有十三个系，即中文系、英文系、教育与哲学系、历史系、数学系、化学系、数学与物理系、物理与化学系、生物与地理系、家庭艺术系、家庭科技系、音乐系、体育教学系。全校共有十五个班级，今年在校生有二百四十六人，学生来自全国的各个省份（新疆除外）。"

在学校的年刊上，我还发现了这样一段非常重要的话：“我们承认，性别因为其基础不同而存在差异，因此我们正在制定方针政策，努力将学校发展成为女子大学，使女性的独特能力在学校得到发展。今后学校的重点是增加家庭教育、儿童教育及艺术方面的学习内容，使学生毕业后既能成为合格的母亲，又能胜任教师工作。”

我从这段话看出，他们所谓的下一步发展的先进理念，至少落后西方观念两代。现在的西方，即使人们认为男女之间存在差异，但对于职业选择已不再是考虑的重点。只要机会均等，女性经过一定的训练，同样可以达到男人所能达到的高度。最近，就有一位女子在牛津数学优等考试中获得了第一名。

（格蕾丝·汤普森·西登《中国灯笼》）

克勤郡王府的喜事

我们要去克勤郡王府拜访，因为老克勤郡王福晋的儿媳和其他女士拜访过我。克勤郡王府相当大，有好几个庭院，连片的建筑、花园、假山和凉亭。王府位于西城。但现在已经改变了许多，他家的宗祠已是一片废墟，1900 年这里还被当成马厩。老克勤郡王福晋是正室，还有三个侧福晋，将要结婚的两个小王爷有一个就是侧福晋所生。

今天我们去克勤郡王府参加他们为小儿子新婚做准备的“铺床日”（结婚前一天邀客人、家人参观新人的结婚所用床褥及其他陈设）。能被邀请参加这个仪式，我们感到由衷的感激。因为这个仪式只有家庭成员和不与新人犯冲的人才有资格参加。到了高墙中的大院，过了好几道门，我们见到格格们的三辆红色马车，车旁还有侍

克勤郡王府福晋

卫。王府的女眷都穿着漂亮的礼服，戴着精美的头饰，到院子中央迎接我们，院子里到处是大红的喜庆装饰。

问候过后，我们一起到一个大厅用茶。很快我们就听到欢快的音乐，所有人被邀请到面朝大门的走廊上入座。在这里，我们可以清楚地看到抬进新房的婚嫁礼物。乐手们坐在前面，有的打鼓，有的吹号，整个仪式期间，他们演奏不同的欢快曲子。

院子里渐渐挤满了人，红色的礼担得有一百担之多。随着客人的到来，礼担数量也在增加。贺礼越来越多，我简直不敢相信，仿佛置于梦境。当院子摆满礼物后，用人们开始把所有东西搬进新房。待我们参观新房时，一切都已经摆好。

老克勤郡王福晋打开一盒盒的珠宝让我们看。太精美了，简直无法形容，我们既兴奋但又很谨慎地挨着房间参观了一番。我们还在用人的陪同下，到另一个院子看新娘的花轿，大红色的，上面雕有龙凤呈祥的图案。

（萨拉·康格《北京信札》）

从南长街到西什库教堂

从南长街的入口往里走就是西皇城。以前这里非常难接近，因为南墙没有出入口，要想出入必须绕道东安门或西安门。

南长街拱形门之北，左边的一条又宽又短的路通向一所府邸，过去名南府，现在是一所中学。过去这里是升平署，是重要的祭祀机构。院子的墙依旧是当年的模样，里面住着皇宫祭祀表演的艺人，存放着他们使用的服装和道具。

南长街的北端便是西华门大街，通向西安门大街。晚清这里很重要，因为它是慈禧从紫禁城到中海的必经之路。这条街道和胡同依旧保持以往的安详。

往北就是北长街，左侧有两座寺庙，右侧有一座。左侧第一座是建于清雍正十年（1732）的昭显庙，俗称“雷神庙”。左侧第二座是兴隆寺，明永乐年间这里曾是皇家的军械库，后改名万寿兴隆寺。对面即右侧是福佑寺，它建于清雍正元年（1723）（按：有误，应为顺治年间），院里有雍正祭奠父亲康熙的石碑。

接着我们就来到紫禁城西北角的护城河，从这里东行左转到景山西南角就是大高玄殿。这里供奉着玉皇大帝，皇帝每年要到这里祈雨。这里还有一个和天坛一样的蓝色琉璃瓦顶的亭子。现在大高玄殿是政府的办公地，不对外开放。

回过头来再向西，过金鳌玉蛛桥，路北高大红色的门就是1932年建的很现代化的北平图书馆，它原是明武宗正德八年（1513）建的延寿寺，明孝宗就是在这里出生的。旁边有收容老妪的安乐楼。

市政府就在图书馆斜对面，明代这里是百鸟堂。图书馆北侧通往北海公园的短街以北以前是北京最大、最著名的寺庙——旃檀寺，现在是兵营。旃檀寺毁于1900年八国联军入侵，那时这里是义和团的总坛。旃檀寺建于明初年间，原名叫清佛殿，后改名叫弘仁寺。清康熙十五年（1676）重修改名为旃檀寺。寺里有三大殿。一为大雄宝殿，供奉着释迦牟尼的佛像，红色檀香木做的佛像约五英尺高，佛像以前可据白天的时辰不同变换颜色。明万历年间用黑漆镀了全身。从院中康熙六十年（1721）立的石碑可知，这尊佛刻于北周年间。

沿主街继续向西，三岔路口就是西安门，再稍向北就是北堂。教堂原来在靠近中海西墙旁边的蚕坛口。清光绪十一年（1885）慈禧搬进中海，觉得旁边的教堂破坏了她的风水，其实这只是个借口。即使宫墙加高了一些，但她还是怕外国人在比宫墙更高的教堂塔楼里看到她的活动。宫里的官员个个惧怕招惹是非，推辞说找不到解决的办法。反倒是一个叫恩玉（音译）的镶蓝旗小都统，设法将老佛爷的旨意传达给教堂，他通过自己的朋友（此人当时是天主教神父）从中调和，最后天主教廷和法国使馆同意将教堂迁到现在的位置上——西什库。原来的西什库是官府的仓库，有十多间房子，里面存放查抄官员的财产，有很多值钱的东西。

1888年12月9日，新教堂对外开放，修建教堂所用三十五万两银子由清政府买单。教堂大门上用中文写着：“敕建天主教堂光绪十三年。”

还要说一下那位恩玉，想必是他因为这次外交活动而走运，因为几年前他过世时，已是腰缠万贯了。当年义和团想要他的脑袋，

北堂旧址

他也是躲到天主教堂里才保住了性命。

北堂后面是仁慈堂，过去是寺庙，叫任云寺。清光绪十一年（1885）教堂移到西什库时，天主教会占用了此地，改名仁慈堂，现在这里是救济穷孩子的育婴堂。

（阿灵顿《古都旧景》）

班禅住在紫禁城之侧

紫禁城侧有一个美丽的楼阁，青、蓝绿两色的屋顶耸立在波光粼粼的湖面上，班禅喇嘛就住在这里。他过着朴素的生活，但出行都有卫兵保护。

今天，我们来参加一个向他致敬的仪式，可以目睹他的真容。台上，神学博士主持仪式，在座的还有宗教界的领袖，一位印度教徒以及佛教、道教高僧。台下有很多观众，很多人还不时地拍照，蒙古人被安排在外院。

发言人的发言被译成藏语、蒙古语和汉语宣读。活佛班禅坐在金色的宝座上，双手置于膝上，从他平静的神情上可以感受到他的内心也是平静的。

（多萝西·格雷《穿过月洞门》）

北堂与旃檀寺

1901 年的北堂正面真是让人难以形容，它被子弹和炮弹打得尽是伤痕。最先攻进北堂的日本人对此进行了肆无忌惮的破坏。我们只有从教堂周围堆积的废墟残迹中，才能看到当年的旃檀寺是何等的美轮美奂。

这里原本是座庙，每逢正月初八，活佛就会过来举办法事。庙里用檀香木雕成的佛像高 5 英尺。

（立德夫人《我的北京花园》）

西什库教堂一瞥

离国民政府大楼不远是北堂，这是个造型奇特的天主教堂。教堂前面有两座碑亭，教堂则在一个高台之上，教堂墙上有圣徒的雕像。

教堂里空荡荡的，不一会儿，一个女子进来屈膝祈祷。细看，她是一个梳着油光发髻、裹脚的中国人。

（多萝西·格雷《穿过月洞门》）

北海的九龙壁

在冬宫，各个房间的隔屏都有5英寸厚，但却是镂空的，其精美程度让人赞叹。走进当年光绪皇帝住的房间，一个木雕吸引了我的注意力，这种东西是我从未见过的。它看上去像是附在隔屏上的一块帘子，上面刻着起伏的山峦，山中栩栩如生的兰花。房间地上铺着一块黄色绣龙地毯。宽大的炕上有锦缎靠垫，窗子旁有座椅。连接客厅的通道里摆放着精美的花瓶。后屋台子上有两把座椅，一黄一红。

御花园里有长长的林荫道，穿过几个殿宇，来到一座较小的殿中，里面有中国古典画作。

爬到山顶，我们可以看到紫禁城内两座蓝色琉璃瓦的亭子。莲花湖的北面是琉璃龙壁，大约20英尺高。壁上雕着一组龙，每条约5英尺，中间是相对的两条蓝色的龙。

（立德夫人《我的北京花园》）

探秘皇家宫殿

今天早上，阳光明媚。我要在这宫殿里探秘，它隐在高墙后的树丛里，处于低处。宫殿由许多镶着玻璃的长廊组成，内廷长廊还有一格格横跨的拱顶，梁柱不但粗壮而且有精致的花边装饰。

再往前走，我来到一个封闭的园子。穿过大理石门，里面有个小水池、假山和花盆。远处还有果园，有好多的葫芦，有养蚕的阁楼和储藏蔬菜的小亭子。

让我惊喜的是，我看到一座筑有两个花岗岩钟楼的哥特式教堂、一座教师住所和一所学校，眼前的教堂一片混乱，撬开的箱子、破碎的珍珠物件随处可见。

我折回昨晚走的路，走到现在是我们属地的原皇太后的宫殿，我居然得到允许，这几天我就把它当成书房使用，且从今天上午开始，我就可以享用。

这座宫殿位于汉白玉桥的对面，酷似一个圆形的炮台，上面有供奉仙女的小城堡。这里由我们的海军步兵把守，没有许可，任何人不得进入。

我们进入城堡，沿一个斜坡到达一个约十二米高的平台，上面有亭台、古树、假山，还有一座金光闪闪的宝塔。从这里往四周看，可以看到整个北京城以及宫殿花园。

（洛蒂《在北京最后的日子》）（1900 年 10 月 21 日星期日）

从“金鳌”“玉蛛”桥到大、小西天

三海是历代皇帝为自己修的宫殿，名太液池。三海中的北海，其修建时间可以追溯到金朝，皇帝将颐和园附近山里的泉水引到当时都城以北的地方，所以现在湖里的水还叫金水。元代忽必烈时，又把湖和宫殿进行了扩建。一天，他来到湖岛上的山顶，种下几棵树，赐名万岁山，这就是今天的白塔和马可·波罗描述的山。

明永乐皇帝修建北京城时，又扩大了三海的面积，增加了宫殿和花园。后来的明朝皇帝和清朝皇帝在此基础上也不断地扩大修建皇家园林。康熙和乾隆都非常喜欢北海，慈禧比任何人都喜欢这里。

承光殿内白石佛

清朝时这里经常举行冰上冬宴活动，八旗子弟表演滑冰、滑雪。

汉白玉的御河桥还有两个名字，一个是原名，即现在仍然使用的金海桥，另一个是官名金鳌玉蛛。这几个字分别刻在桥两边的牌楼上，西边是金鳌，东边是玉蛛。它是北京城里最壮观的桥，不仅是九孔长桥，而且汉白玉栏杆也是举世无双的，御河桥是观赏北海和中海的最佳位置。

桥东边是团城，一个堡垒形的建筑，其历史可追溯到元代。原名仪天殿，明永乐改为承光殿。这里有几棵古老的柏树，其中马尾松是金代种的。透过承光殿紧锁着的玻璃大门，你可以看见那著名玉佛端坐在中央基座上。这个“玉佛”不是玉做的，而是用西藏运来的石头做的，从那洁白的外表就可以判断它是一件雕刻精品。

院中有一个清乾隆年间修的蓝色琉璃瓦亭子，里面有一个巨大的瓮，名为“渎山大玉海”。瓮的周身都雕刻着鱼龙海兽，里面刻有乾隆御笔，亭子的其他地方还有一些著名学者的赞美诗文。

从团城东边的入口进北海，就是一个牌楼和一对狮子。穿过通向坐落着“白塔”的岛的汉白玉桥，又是一个牌楼和一对狮子，两个牌楼上一个写着“积翠”，一个写着“堆云”。金代和元代，这个岛都叫“琼华岛”。清顺治八年（1651），为纪念西藏达赖喇嘛第一次来北京而修建了白塔，山名也随之改为“白塔山”。

走过一段陡峭的石头台阶，我们就来到了白塔的基座。它的南边有用黄颜色写的藏文字。塔的正面是一个又小又高的四方形建筑，其四面是蓝、绿、黄色的琉璃瓦，蓝色琉璃的殿外墙上，镶嵌着四百五十五尊坐佛，此乃善因寺。里面供奉的是喇嘛教神大威德，

团城上的渎山大玉海

他有七个头、三十四只胳膊、十六只脚，脖子上挂着用人头骨做的念珠，左手托着钵，右手拿着点悟众生的金刚杵。站在塔上俯瞰城市，一览无余。白塔后边是五个（现在仅四个）很大的柱子样的警报器，是用来发火灾或不测事件信号用的。

山的北面和西面有几个凉亭。不到罗锅桥的右边是一房山——西王母的住所，桥的另一头和山上有一正方建筑称为甘露殿，它通向一口井。再往北，山脚下就是分凉阁。游廊西头的一个高大的半圆建筑就是阅古楼，这里收集了四千多座石碑。阅古楼后面是八角亭。再向东是一个扇形的建筑——延南薰与漪澜堂。其南边山脚下有一座大石碑，正面写着“琼岛春阴”，这石碑的四面皆是乾隆皇帝御笔。沿河岸向南就到了高墙筑成的牌楼，两边都有楼梯。

顺桥边的路往东北走，可到达先蚕坛，先蚕坛两边有台阶，中间为松树林。东边是桑神的祭坛，西边是检查桑叶质量的房间。石台阶东的亲蚕殿供着蚕神，每年农历三月初三，皇后亲自或派人来祭奠蚕神。

出先蚕坛北门，经一座桥，桥下的水流向北海，东边是公园北入口，向西就是慈禧非常喜爱的静心斋。静心斋里有许多水池、桥、凉亭、花园，它们的名字犹如诗一般：沁泉廊、韵琴斋、叠翠楼……这些地方现在不开放了。

沿着太液池向西南，可以看见绿色和黄色琉璃瓦的三层拱门。寺庙“天王殿”前面有个琉璃牌楼，穿过天王门，就是已被毁坏的钟鼓楼，后边各有一个石刻经幢。正殿大慈真如殿配有四座宝塔和三尊佛像，两座塔是铜质，两座塔是木质。十八罗汉站立两旁，下一进院子是十佛塔，藏着刻有佛戒的汉白玉碑，后边是外嵌绿色和黄色琉璃瓦的三层大琉璃宝殿。

天王殿西边是著名的琉璃雕刻精品——九龙壁，它以色彩绚丽而著称，是毁于火灾的大西天的照壁。

再次回到湖边，这里有乾隆年间的一组建筑——松坡图书馆（今名是为了纪念蔡锷将军，蔡锷字松坡），里面有澄观堂、浴兰轩和快雪堂。快雪堂源于王羲之的一首诗。

沿湖继续走就是著名的五龙亭，如果你认真观察不难发现，它们是建在一个形似龙身的小岛上，五龙亭中间的亭子顶部有很多龙，每个亭子都有自己好听的名字，自西向东名为：浮翠亭、涌瑞亭、龙泽亭、澄祥亭、滋香亭。亭子正北就是已经被毁的阐福寺。

再往西即是建于康熙年间的大西天，寺庙前部是结构雄伟的大殿，周围有精美的拱廊。寺庙前有一座汉白玉桥，后面是三层建筑的如来佛殿。

从金代到现在，北海都是皇家园林，不对百姓开放。直到 1925 年才变成公园，希望中国公民能保护好这些美丽的历史建筑。

（阿灵顿《古都旧景》）

北海公园游记

北海由一面独立的墙围着，一条宽阔的马路将北海和中南海分开。这条路建于 1392 年，中国人给它起了个诗一般的名字“玉带桥”——学者认为名称源于它的形状像一条长长的带子。这湖被称为“金海”“圣池”。但可惜的是，袁世凯修建的一堵墙将此桥分成

承光殿

两段，从而破坏了它的美感。在桥上，游客可以看到北海圆形的大厅和承光殿，北海的建筑可追溯到元代。现在承光殿不开放，但是你可以通过读《马可·波罗行纪》领略这里的风光。

北海西北的岸边有五座亭子——五龙亭，它们建于 1460 年（按：史实有误，五龙亭建于 1602 年），诗人们对它情有独钟。亭子旁是摇摇欲坠的阐福寺，在杂草丛中还有古香古色的牌匾。先蚕坛、万佛楼、九龙壁的四周也长满野草，这里还有一座为袁世凯儿子们去广场而修的门。这些地方几乎没有游客。要领略这里曾经的魅力，只有游客们自己来体会。

湖对岸山上的白塔在阳光的照耀下犹如一朵含苞待放的雪莲。关于这座山有个美丽的传说，曾经在蒙古高原有个神奇的山称为极乐山，它具有神奇的力量。一位唐朝的君主提出把自己的一位公主嫁给维吾尔族王子，以此来换取此山。维吾尔族人答应了此条件，但是山很大难以移动。然而唐人向黑脸大力神求助，他们在山周围燃起大火，然后泼上醋，突然山变成了一堆珍珠碎石，这样唐人轻松地将这座山运回了中原。

现在的白塔建于 1652 年，当时西藏达赖喇嘛来北京接受顺治皇帝的册封。为了表示对尊贵客人的敬意，清廷要建一座象征喇嘛的神龛，突出它们的五要素——塔基、塔身、塔刹、华盖和相轮，并以此代表五元素——大地、水、火、风和苍天。

白塔是北京的制高点，从这里望去，北京城尽收眼底。上山的路比较陡，在中间的一个平台上我们暂作休息，这里有一座庙宇，里面摆放了一组精美的铜像，再远处是一座牌楼。继续向上走，我们看到五颜六色的琉璃瓦屋顶，当我们登上平台，看见这里有一神龛。里面有一个三头多臂的神像，神龛后面就是白塔，这白塔比我们想象的要高很多。

从这里我们再最后看一眼那些神圣庄严的宫殿，一切都是那么的清晰，颜色是那么的协调。掩藏于绿树之间的宫殿和梦幻般色彩的屋顶，带给我们极大的享受。微风中摇曳的树枝像在向我们行鞠躬礼，远处的山峰似向我们张开双臂。

（裴丽珠《北京纪胜》）

北海湖面上的男女青年

一天，香华全家邀请我们一起去北海游览，昔日的皇家园林现已对百姓开放，而且票价也很便宜。

我们一行人来到湖边，没想到还遇见了宋太太。我知道荷花湖以前是皇帝后妃们乘船避暑游玩的地方，他们的宫女们会陪伴左右……

只见半个湖面都是盛开的粉红色的荷花，大片的荷叶随风摇摆，朵朵荷花亭亭玉立，婀娜多姿。怪不得佛经里说，万人敬仰的佛陀坐在莲花宝座上呢。让人更开心的是，我们看到在这昔日的皇家园林，很多中国现代男女青年，划着小船穿行在湖面上。香华朝着一个划船的女青年挥挥手，然后告诉我："她在我们学校上过学，那个男士是她哥哥，医学院的学生。看到他们能在一起外出游玩，心里挺高兴的。"

也许是女孩划船技术不太好，刚挥手要和香华打招呼，船就失去了控制，一头钻进了荷花池，船头和船桨与长长的荷花茎秆绞在一起，兄妹俩赶紧用钩子推开荷叶。这时，另外一只船的两个年轻人也赶紧划船过来帮助解围……

在眼前的湖面上，中国男青年不仅可以自己划船享受其乐趣，还可以让他们的姐妹一起分享这份快乐。若是几年前，兄妹根本不能一起外出，女孩子只能把自己锁在闺房中，最多就是到院子里活动活动。

（谢福芸《中国淑女》）

我攀上白塔山看风景

我们往北京城中央的一座高峭山上爬，中国宫殿和寺庙的台阶都很陡峭，跟西方老城堡的陡峭难度相似。我们爬到半山腰，见有一张红木方桌，于是我们停下脚步，坐在桌旁嗑瓜子、喝茶，放眼四周，皆是松林。片刻，我们继续前行，香华的弟媳和我率先登顶。这里是北京的最高点，有一座四周围着雕花栏杆的巍然大殿，人们可以从这里俯瞰脚下的四方，瞭望宏伟壮观的北京。

一些士兵也在这里闲逛，其中一个士兵还带着他年幼的儿子。小男孩头戴一顶半西式草帽，帽子上有几个橘色绒球。我走进这巍峨的大殿，那士兵也跟着进来。我见到神殿中端坐其中的一个泥雕像面容凶恶，咧嘴狞笑，黑脸上的几抹红表现出他的愤怒。一双突出的白眼球，身体两侧伸出许多只胳膊，一只比一只吓人。有的打雷，有的闪电，有的握着三叉戟，有的拿着锤子…… 整个神像传达给人的信息是：“小心！邪恶会冲进来，你会被毁灭。”

这座神殿维护得很好，香火不断。每个到这里来的游客都会上前进香，以求神仙保佑这座城市和市民远离妖魔的困扰。那个士兵从殿外小贩处买了一炷香，让儿子双手合十夹住香，叩拜三次，然后把依然冒着烟的香插在香炉中。小孩一边按照父亲的要求认真做，一边看着父亲想得到他的赞许。果然，那士兵没让孩子失望，对小男孩露出满意的笑容。

“快来看景！”骆太太在外面喊我，于是乎我把这些宗教之事抛到脑后，高高兴兴地走进明媚的阳光里。我和骆太太一起俯瞰北京城。骆太太是个身高五尺的玲珑女子，脸上扑了粉，身着一件拖到脚面的丝绸长袍，袍子上绣着蓝色的花。因为她脚上穿着满族的花盆底鞋，身高似乎增高了几寸，那双高高的鞋底漂得雪白，一尘不染。我们从高高的小山上俯瞰北京城的建筑群，渐次向更远处眺望——摇摇欲坠、年久失修的宫殿上对称的黄色屋顶，整洁但其貌不扬的使馆区临街的灰房子，环绕四周的灰色城墙以及刷了红、蓝两色的堡垒和塔楼，还有南城中国老百姓住的普通民房。

（谢福芸《中国淑女》）

中南海一瞥

中南海不像北海那么规整，它不但围墙矮，而且也没有护城河，大门也不像其他宫殿的大门那样厚重。要进入中南海一般都是经新华门。

进入大门，眼前即是仙境般的美景。水中瀛台似漂在水面上，不远处可见北海的建筑在阳光的照耀下闪闪发光。一个船坞旁放着大船，这些船应该是为慈禧太后服务的。船坞的右边有个奇怪的亭子，亭子没有墙，两边是石头桥。这些石头像积木一样错综砌在一

沕鱼亭

中南海的船和船坞

起，水流可以在下面缓缓穿过。

走过小桥就是瀛台，但对于光绪皇帝来说，这里就是他的“圣赫勒拿岛”。离瀛台不远就是著名的石林。中国人比较喜欢这里，而我们更喜欢这里盛开的牡丹。这里的山石小径，在盛夏是人们避暑纳凉的好地方。穿过万年桥，我们来到卍（“万”字）符的长廊。

再向前，我们来到现在的国家总统的接待室，可以看见雕刻精美的天花板和大理石地面。我觉得，这接待室与周围古香古色的建筑不太协调。然后我们来到慈禧太后的一处住所，门前有个大照壁，门口有两座石狮子。沿湖边走，我们来到一座宫殿——紫光阁，这是个高 40 ~ 50 英尺的建筑，简朴的建筑增强了它的庄严程度。出紫光阁后门，穿过广场，跨过汉白玉桥就到了北海。

（裴丽珠《北京纪胜》）

皇城的“三海”

北京城不靠近自然河，故城里的水流都是人工引入的，其中的“三海”贯穿紫禁城南北，它们是北海、中海和南海。三海周围的皇家宫殿、园林和庙寺，称为“冬宫”或“海宫”。南海和中海周围现为国民总统及官员使用区域，北海则成为公园，只在特殊时期向国人开放，外国人必持有公使馆签发的通行证方可入内。

（甘博《北京的社会调查》）

北海、中海与南海

一天，一个佩戴很多勋章的中国兵带我们去北海，水面上横跨着一座石桥，水中的水草随波摇摆。一个尖顶舍利塔耸立在山顶，人们称这个宝塔为莲花宝座。我个人觉得这个称呼非常形象，因为它就像蔚蓝天空中升起的一朵莲花。

我们登上山顶远眺皇宫，掩在郁郁葱葱树木中的三个人工湖，即北海、中海与南海，像三块蓝色的宝石，宫殿顶上的琉璃瓦在阳光照耀下闪闪发光。北海和南海之间是大片的睡莲。

（多萝西·格雷《穿过月洞门》）

庄亲王的花园

这年夏天，我们得到特许可以在北京的一所园子里住两个月。这是北京最大的一所官邸，曾是庄亲王的府邸。

园中央是一座约二十英尺高的小山，山顶有一座凉亭，山后有一稍高的平台，贯穿整个花园。平台的一侧是个更漂亮的楼阁，像是宴会厅。毫无疑问，花园的前主人一定是把它当成宴会厅用的。从花园的整体来看，这两个建筑浑然一体，是宴会的最佳地点。前者稍低的亭子小巧精致，客人可以在这里饮茶、喝咖啡。后面的楼阁更富丽堂皇，它的梁柱上都是漂亮的彩绘，楼阁还有一个回廊，透过回廊的后窗，可以看见一个小戏台。

一条石子路通向山顶，这条路比较宽敞，足够四个人并排行走。这花园的设计之绝就是它的光影效果，当阳光照进来，它的影子随风而舞，令人陶醉。我经常随意在园子的某一个亭台楼阁小坐一会儿，吸吸新鲜空气，仰望天空，捕捉那投在墙壁、穿过镂空花砖的光源。在平台的另一头，是一座长方形的亭子，它的四周装有栏杆。人们可以坐在栏杆之间的座板上，俯瞰下面的院子。每个

庄亲王府花园

院子的中央都有一棵大树。坐在这里还能看到平台上、楼阁中走动的人。

花园里的树多得数不过来，但我更想种些花，比如粉红色的牡丹，想用这些花来点缀一下满院子的灰色。但是在石头山上种花显然是不行的。我的朋友对我说，中式风格的园子不适宜种花，但可以养盆花，顺着花园的小路摆上几盆，或者放在窗下摆成半圆形。我慢慢地明白了，这园子不是用来种花的，而是远离喧嚣的世外桃源，亲朋好友可以伴着微风，开怀畅饮，谈天说地。

这园子的主人一定是个有品位的人，他一定是不惜代价，请人建造了如此雅致的府邸。

我们住在这府邸的主楼，这里有三间正房，两边各有两间厢房，

厢房门外的一侧有通向大门的甬道。我们的三间正房两侧还有延伸的房间，可以通向不同的院子。我对其中的一个院子最感兴趣，它很寂静，几乎没人到这里来。我不禁猜想，这园子里一定有位爱清静的读书人，这里就是他的静读天地。

我们屋后的花园有一条不是很平坦的斜坡，斜坡上有一条小溪，小溪上面有两座小桥，经小桥可以到达假山。这假山的对面就是前面说的石头山。我们房间的对面也有一小山，山上也有一座有三个房间的楼阁，在上面可以斜望到另一个花园。我第一次进到这里时，就觉得它是我见过的最漂亮的花园。它的围墙和墙檐都是斜的，墙是用形状和大小不一的石块砌成的，水泥勾缝，水泥在墙上形成曲曲弯弯不规则的线条，犹如被揉皱了的纸一样——中国的古瓷器上称这为“冰裂纹”。墙上面的门洞也是斜的，因为视觉的原因，我总感觉那门洞小得几乎不能过人。我猜想，围墙里一定住着主人的宠妾吧。园里的正房对面是个窄长的庭院，院墙上有形状独特的窗户。

府邸中还有一个椭圆形的亭子，后面有一个露天的平台，靠墙有一张半圆的桌子和精美绝伦的镂空窗户，可以让阳光和新鲜空气洒满里面，我觉得这里就是个户外书房。我一直想有机会到这里享受一下读书的乐趣，但终未能如愿，甚至都没有机会再来这里坐一会儿。有个美国画家每天到这里画素描，一个英国人还绘制了一张平面图。

这座府邸，一部分地方是我们的住所，还有两个面积很大的地方，其一由北京盲校使用，其二为日本印刷厂使用。

在北京的这所花园里住了两个月，我们似乎寻到了这古老京城的安详和乐趣。这时我意识到，我们已经迈进了20世纪。

（立德夫人《我的北京花园》）

庄亲王载勋

护国寺大街东面德胜门大街的拐角处是庆亲王的府邸。再向东是一个贝勒府，现在是辅仁大学。

在护国寺街南侧是庄亲王载勋的府邸，他是义和团的精神领袖。在他的指挥下，就在这座府邸里，义和团处死了九百个教民。义和团运动失败后，发怒的西方军队坚持要惩罚首犯，庄亲王奉命自尽于他住处后边的房间里。

（阿灵顿《古都旧景》）

恭王府的变迁

如果我要详细描写恭王府，恐怕用一整章节的篇幅都不够，恭王府见证了一代清朝高官的没落。恭王府原是清朝皇帝宠臣和珅的宅子，和珅当时的家产可达九亿两白银，当时有多达千人生活在这所宅子里。和珅获罪后，宅子一部分被嘉庆赐给其弟成为庆王府，后咸丰皇帝将此宅赐予其弟奕䜣，名为恭王府（恭王府只是当年和珅府的一半）。

这座府邸有六十四座亭子，有些还使用了皇家专用的黄色琉璃瓦，院子四角有角楼。我个人猜想，这种僭越规制是导致他（和珅）获罪的原因吧！从府邸列出的家产古董清单犹如《一千零一夜》，成千上万件的貂皮衣，数不清的项链，堆积成山的黄金，满柜子的珠宝、珊瑚……能列在单子上的东西也只是和珅财产的冰山一角。

和珅府邸西部成为恭王府已成为北京的历史，现在路人已看不到它曾经的辉煌。北京大户人家就是这样，建得越辉煌壮美的宅子，越是被掩于屏障后，即使大门是开着的，隔着影壁你也什么都看不到。在我们看来，房子就是遮风蔽雨的场所，而中国人却不这么认为，他们更喜欢把府邸建得很大、很辉煌。有的府邸会从一条街延伸到另一条街，这样它的主人在自家园子里就能享受阳光或宁静。

（裴丽珠《北京纪胜》）

主要参考资料

[1] [美]丁韪良著，沈弘等译:《花甲忆记》，广西师范大学出版社 2004 年版。

[2] [美]丁韪良著，沈弘译:《中国觉醒》，世界图书出版公司 2010 年版。

[3] [瑞典]喜仁龙著，沈弘、聂书江编译:《遗失在西方的中国史：老北京皇城写真全图》全二册，广东人民出版社 2017 年版。

[4] [英]谢福芸著，沈迦、龚燕灵译:《中国淑女》，东方出版社 2018 年版。

[5] [英]谢福芸著，沈迦主编，房莹译:《潜龙潭：北平新事》，东方出版社 2018 年版。

[6] [美]格蕾丝·汤普森·西登著，李晓宇译:《一个美国女记者眼中的民国名流》，台海出版社 2017 年版。

[7] [美]格蕾丝·汤普森·西登著，邱丽媛译:《中国灯笼》，中国言实出版社 2015 年版。

[8] [美]西德尼·D. 甘博著，陈愉秉等译:《北京的社会调查》上、下册，中国书店 2010 年版。

[9] [法]皮埃尔·绿蒂著，马利红译:《在北京最后的日子》，上海书店出版社 2006 年版。

[10] [英]李提摩太著，陈义海译:《李提摩太在华回忆录》，江苏凤凰文艺出版社 2018 年版。

[11] [德]约翰·拉贝著，梁怡主编，邵京辉等译:《我眼中的北京》，东方出版社 2009 年版。

[12] [荷]爱伦·凯特琳摄影、撰文，[奥]费里德里希·席夫漫画，张

春颖译:《我的老北京印象》，中央编译出版社 2017 年版。

[13] [美]艾萨克·泰勒·黑德兰著，王婷婷译:《慈禧和她的亲人们》，新华出版社 2004 年版。

[14] [意]马可波罗口述，[法]沙海昂注，冯承钧译:《马可波罗行纪》，商务印书馆、中国旅游出版社 2016 年版。

[15] [英]刘易斯·查尔斯·阿灵顿著，赵晓阳译:《古都旧景》，经济科学出版社 1999 年版。

[16] [英]阿奇博尔德·立德夫人著，李国庆、陆瑾译:《我的北京花园》，北京图书馆出版社 2004 年版。

[17] [美]凯瑟琳·卡尔著，晏方译:《一个美国女画师眼中的慈禧》，中国工人出版社 2008 年版。

[18] [英]庄士敦著，张昌丽译:《紫禁城的黄昏》，武汉大学出版社 2014 年版。

[19] [美]多萝西·格雷著，龙薇译:《穿过月洞门》，金城出版社 2012 年版。

[20] [英]裴丽珠著，王慕飞译:《北京纪胜》，中国文史出版社 2018 年版。

[21] [美]萨拉·康格著，沈春蕾等译:《北京信札》，南京出版社 2006 年版。

[22] [英]苏珊·汤丽著，曹磊译:《英国公使夫人清宫回忆录》，江苏凤凰文艺出版社 2018 年版。

[23] [日]多田贞一著，张紫晨译:《北京地名志》，书目文献出版社 1986 年版。

[24] [美]德龄公主著，宋云嘉译:《我在慈禧身边的两年》，中国书籍出版社 2006 年版。

[25] 于宝坤、姚安主编，天坛公园管理处编:《天坛公园志》，中国林业

出版社 2002 年版。

[26] 北京市地方志编纂委员会:《北京志 · 世界文化遗产卷 故宫志》,北京出版社 2005 年版。

[27] 中国大百科全书出版社编辑部:《中国大百科全书》,中国大百科全书出版社 2004 年版。

[28] 北京市政协文史和学习委员会、北京联合大学北京学研究基地编著:《北京中轴线》,北京出版社 2013 年版。

[29] 郭超:《北京中轴线变迁研究》,学苑出版社 2012 年版。

[30] 陈宗蕃:《燕都丛考》,北京古籍出版社 1991 年版。

文化交融之旅
手绘 吴昊
祈年殿

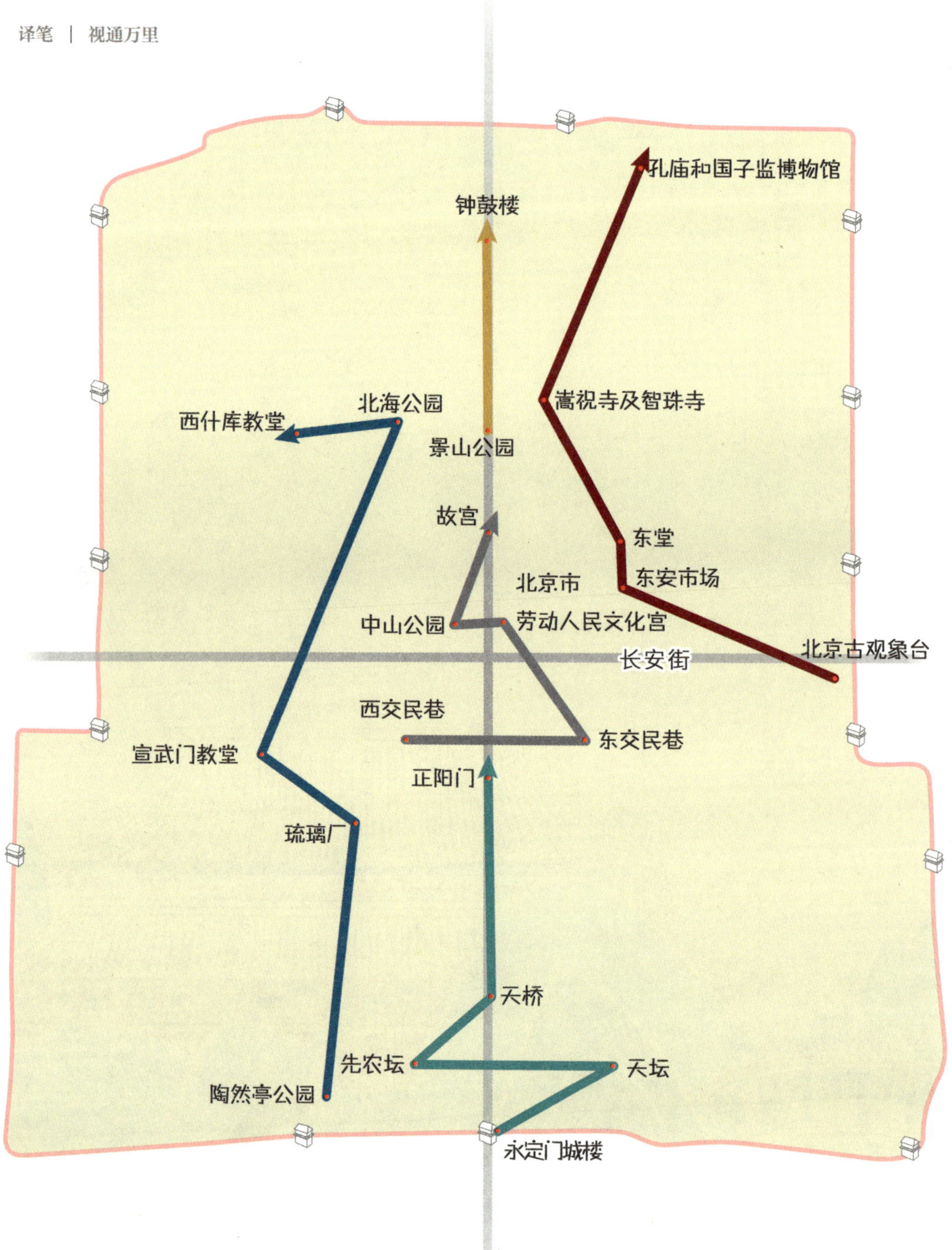

游览总图

■ 南线游　■ 中线游　■ 北线游　■ 东线游　■ 西线游

注：景点介绍依据其所在地理位置摆放，大致与手绘街区地图匹配。受篇幅所限，手绘图与推荐游览顺序存在不一致的情况，请参照序号对应推荐游览顺序。此外，景点可能基于修缮、布展、改扩建等原因短期闭馆，建议读者提前查阅最新信息，再前往参观。

一、南线游

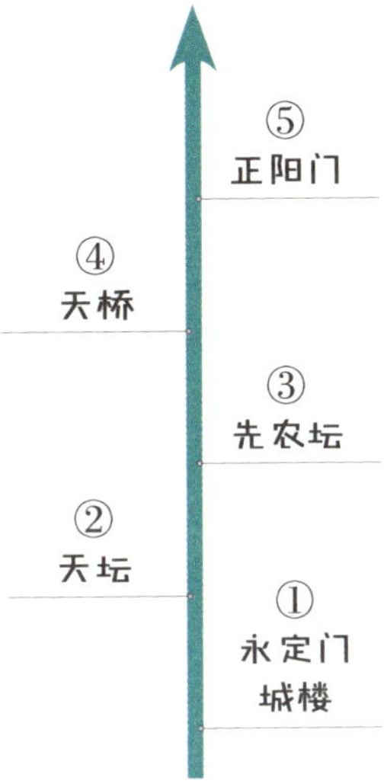

②

天坛

地址：东城区天坛东里甲 1 号

简介：天坛是明清两代皇帝祭天祈谷之地，系世界上现存最大的祭天建筑群。天坛分为内外两坛，坛墙北圆南方，象征“天圆地方”。内坛由圜丘、祈谷坛两部分组成；外坛为林区，广植树木。圜丘位于内坛南部，建于明嘉靖九年（1530），清乾隆十四年（1749）扩建，皇帝每年冬至日在此举行祭天大典。祈谷坛位于内坛北部，正中建筑为祈年殿，建于明永乐十八年（1420），历经嘉靖改建、乾隆整修，清光绪十五年（1889）毁于雷火，七年后得以重修。天坛主要建筑还有皇穹宇、斋宫、神乐署、牺牲所等。天坛是全国重点文物保护单位，1998 年被联合国教科文组织列入《世界遗产名录》。

需提前一至七天在微信公众号“畅游公园”或“天坛”上预约购票，可选择购买门票或联票，联票含祈年殿、圜丘、回音壁等景点门票。

①

永定门城楼

地址：东城区永定门内大街南端

简介：永定门城楼始建于明嘉靖三十二年（1553），嘉靖四十三年（1564）补建瓮城，清乾隆十五年（1750）增建箭楼并重修瓮城。永定门是北京外城七门中最为高大的一座城门，寓意皇都永远安定，系北京中轴线南端的重要标志性建筑。20 世纪 50 年代，为改善交通，永定门瓮城、箭楼和城楼先后被拆除。2005 年，永定门城楼在原址复建，现辟有永定门公园。

③

先农坛

地址：西城区东经路 21 号

简介：先农坛是明清两代帝王祭祀先农、山川、神祇、太岁诸神的地方，始建于明永乐十八年（1420），初名山川坛。先农坛于嘉靖年间建于山川坛内，至清统称此地为先农坛。现存主要建筑有太岁殿、先农坛、观耕台、庆成宫等。明清时，每年开春皇帝会亲领文武百官于先农坛祭先农神，到观耕台以东的亲耕田躬耕。先农坛是中国古代祭祀等级最高、规模最大，也是保存最完整的祭祀农神之所，为全国重点文物保护单位，现建有北京古代建筑博物馆。

需提前一至七天在微信公众号“北京古代建筑博物馆”上预约购票，每周三前二百人免费。

⑤

正阳门

地址：天安门广场南端，前门大街北侧

简介：正阳门，俗称前门，是内城九门中建筑规模最大的一座城门。永乐年间将元大都城垣南移时，丽正门也向南移建，于永乐十九年（1421）竣工，仍沿用元代旧称。明正统四年（1439）重建城楼，为加强防御，增修箭楼、瓮城、东西闸楼，更名为正阳门。八国联军入侵北京时，正阳门城楼、箭楼被毁，清光绪三十二年（1906）得以修复。1915 年，在朱启钤的主持下拆除瓮城和东西闸楼。正阳门是全国重点文物保护单位，城楼上设有正阳门历史文化展。

每年春夏时节，在这里可以看到唯一被冠以“北京”名字的鸟——“北京雨燕”。

④

天桥

地址：北京天桥艺术大厦东侧

简介：天桥原址位于今天坛路西口、天桥南大街北口、前门大街南口、永安路东口的交会处。据资料记载，桥长约八米，宽约五米，石桥有三梁四栏，汉白玉雕成，东西两侧各五根栏柱，柱顶雕成莲花骨朵儿形，桥孔券洞上中心部位各雕有螭头以镇水。后来由于城市拓宽道路，石桥消失。2013 年天桥得以复建，新桥向南偏移了四十米。

二、中线游

②

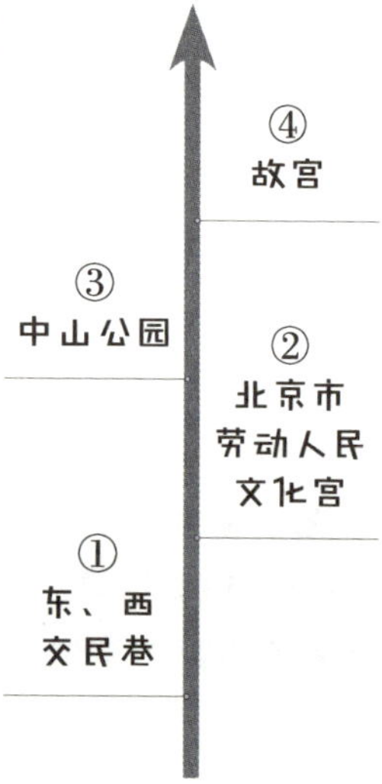

北京市劳动人民文化宫

地址：东城区东长安街天安门东侧

简介：太庙是明清帝王祭祖的宗庙建筑，始建于明永乐十八年（1420），与社稷坛相对。明清两代皇帝祭祖，要通过太庙街门，在太庙外墙南门外下辇，然后从戟门的左门进入太庙，在前殿即享殿向祖先的牌位上香、叩拜。仪式结束后，牌位移回后殿收藏供奉。1950 年，太庙改为北京市劳动人民文化宫，现为全国重点文物保护单位。

可从东、西、南三个门进入太庙。

①

东、西交民巷

地址：天安门广场两侧

简介：东、西交民巷最初叫江米巷，平行地夹在长安街与前门东、西大街的中间，东从崇文门内大街开始，向西到北新华街止，全长三千米多。第二次鸦片战争后，帝国主义列强相继在东交民巷占地建立使馆，后东交民巷被划为使馆区。20 世纪 60 年代后，外国使馆陆续从东交民巷迁出。如今，东、西交民巷环境宁静怡人。

④

故宫

地址：东城区景山前街 4 号

简介：故宫位于北京中轴线的中心，旧称紫禁城，明永乐十八年（1420）建成，是明清两代的皇家宫殿。整个建筑群金碧辉煌，庄严绚丽。中轴线上有三大殿、后三宫，东西对称的有文华殿与武英殿、协和门与熙和门、景运门与隆宗门等，布局严谨有序；城外有宽五十二米的护城河。故宫博物院是中国现存最大、最完整的古建筑群，1987 年被联合国教科文组织列入《世界遗产名录》。

需提前一至十天在“故宫博物院”官网或微信公众号“故宫观众服务”上预约购票。带好身份证件，从午门（南门）安检后进入故宫。

③

中山公园

地址：东城区西长安街天安门西侧

简介：社稷坛是明清帝王分别在农历二月、八月祭祀“土神”和“谷神”的场所，始建于明永乐十八年，与太庙相对。1914 年，社稷坛辟为中央公园向社会开放。1928 年改名中山公园。园内有辽柏、社稷祭坛（五色土）、中山堂、保卫和平坊、兰亭碑亭、唐花坞等景观。中山公园现为全国重点文物保护单位。

需提前一至七天在微信公众号“畅游公园”上预约购票，有东、西、南三个门可进入。

三、北线游

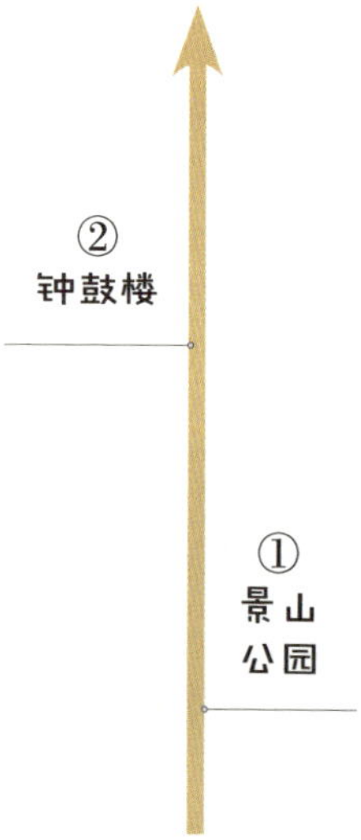

钟鼓楼

地址：东城区地安门外大街北端

简介：钟鼓楼是坐落在北京中轴线北端的一组古代建筑，始建于明永乐十八年（1420），为古代城市的报时台。钟楼在鼓楼北一百米左右，两楼前后纵置，巍峨壮观。在城市钟鼓楼的建置史上，北京钟鼓楼规模最大，形制最高，是古都北京的标志性建筑，现为全国重点文物保护单位。钟鼓楼及周边的胡同、院落，作为古都风貌的重要组成部分，具有独特的历史文化价值。

鼓楼每天有击鼓表演，上午和下午各有三至四场，每场间隔约一小时。参观完钟鼓楼后，可以顺便逛逛旁边的烟袋斜街，去什刹海尝尝北京特色小吃。

景山公园

地址：西城区景山西街 44 号

简介：景山公园南与故宫神武门隔街相望，是明清两代的御苑，也是明清北京城的制高点。明永乐年间，在营建城池、宫殿、园林之时，将挖掘紫禁城筒子河和太液池的泥土堆积成山，称“万岁山”。清顺治十二年（1655），改名景山。清乾隆十五年（1750），依山峰兴建五亭。现园内有绮望楼、五方亭、寿皇殿古建筑群等景点。景山是全国重点文物保护单位。

需提前一至七天在微信公众号“畅游公园”上预约购票。景山公园有东、南、西三个门可进入。

四、东线游

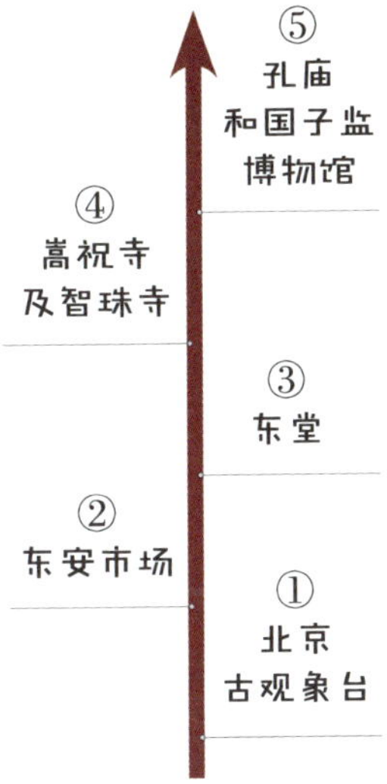

②

东安市场

地址：东城区王府井大街138号

简介：东安市场的前身是清朝八旗练兵场。1903年，由于修建了马路，摊贩们聚集于此设摊成市。市场临近东安门，故取名东安市场。东安市场后来店铺日增，有古玩、旧书、窗饰等店铺，有戏院、饭馆、茶社等。1933年建成场内有场、各具特色的综合市场，成为北京城最大的商业中心。1968年东安市场成为一家大商场，1988年成立北京东安集团公司，1998年改建后的东安市场重新开业。

①

北京古观象台

地址：东城区建国门内大街东裱褙胡同2号

简介：元至元十六年（1279），在大都城东南部今建国门西北侧建了一座天文观测台，名为司天台。上置简仪、仰仪等仪器，后毁于战乱。明正统七年（1442），复制元代仪器，并称观星台。清代沿袭明制，观星台改称观象台。古观象台台体高约14米，台顶南北长20.4米，东西长23.9米。观象台上设8架清制天文仪器。从明正统初年到1929年，古观象台连续从事天文观测近500年。

开放时间为上午9点至下午5点（周一闭馆）。

④

嵩祝寺及智珠寺

地址：东城区嵩祝院北巷 23 号

简介：嵩祝寺及智珠寺原为明代的汉经厂和番经厂遗址。清雍正十一年（1733）将之改建成并排的三座大寺庙：东为法渊寺（现已无存）、中为嵩祝寺、西为智珠寺，是皇帝给内蒙古藏传佛教活佛章嘉呼图克图的在京驻锡场所。嵩祝寺建筑分三路，现除山门及前殿已被拆除，主要殿宇尚存。智珠寺仅山门殿、天王殿、方殿和后殿保存。1984 年被公布为北京市重点文物保护单位。

⑤

孔庙和国子监博物馆

地址：东城区国子监街13号

简介：元大德六年（1302），按照“左庙右学”的规制，兴建殿宇，历时四年建成孔庙。孔庙是元、明、清三代帝王祭祀孔子的地方。孔庙坐北朝南，主要建筑依次为先师门、大成门、大成殿及崇圣祠。国子监始建于元至元二十四年（1287），与孔庙相邻。国子监坐北朝南，中轴线上依次排列着集贤门（大门）、太学门（二门）、琉璃牌坊、辟雍殿、彝伦堂、敬一亭。国子监是唯一保存完整的古代最高学府校址。

需在微信公众号“孔庙和国子监博物馆”上预约参观，可预约当日起七日内的参观名额。每日上午10点和下午2点，馆内提供免费志愿者讲解服务。

③

东堂

地址：东城区王府井大街74号

简介：东堂始建于清顺治十二年（1655），又称王府井天主教堂。东堂在历史上曾三次被毁，现在的东堂是1905年重建的。教堂大门西向，开拱券门，顶部置石碑，上书“天主堂”，再上为十字架。教堂内部由十八根圆柱分成中厅与侧廊，各柱柱头采用拱券连接。堂内西部大门上设唱经楼，东部为祭台，整体平面形成十字布局。2013年名列全国重点文物保护单位。

五、西线游

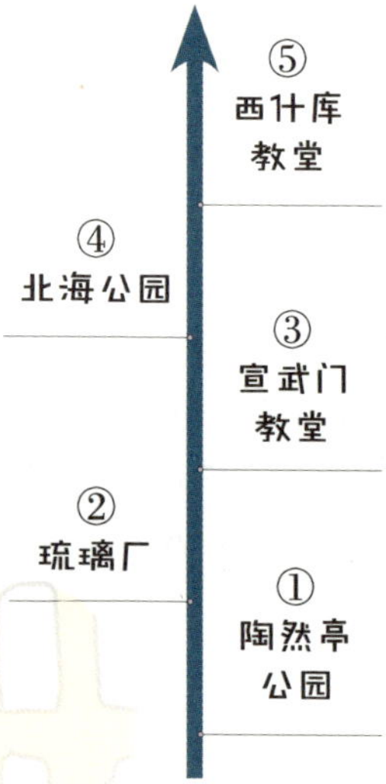

③

宣武门教堂

地址：西城区前门西大街 141 号

简介：宣武门教堂又称南堂，为典型的巴洛克风格，是北京地区最古老的天主堂。明万历三十三年（1605），意大利神父利玛窦始建。清顺治七年（1650），德国传教士汤若望扩建。比利时耶稣会士南怀仁继任神父，康熙帝两次亲临看望，为南堂御笔“万有真元”和“敬天”匾额。乾隆四十年（1775）南堂遭火，康熙御笔匾额被毁，乾隆帝御笔重题，将原“万有真元”改为“万有真原”。光绪二十六年（1900），南堂被义和团焚毁，光绪三十年（1904）重建。南堂为全国重点文物保护单位。

①

陶然亭公园

地址：西城区太平街 19 号

简介：陶然亭公园内有一慈悲庵，创建于元代。清康熙三十四年（1695），时任窑厂监督的工部郎中江藻在慈悲庵内盖了三间厢房，即陶然亭。此后，许多文人到此游赏凭吊。李大钊、毛泽东、周恩来曾先后来陶然亭进行革命活动。1952 年，陶然亭辟为公园。1979 年，园内高石墓、慈悲庵、云绘楼被列为北京市重点文物保护单位。1985 年，园内辟建了占地十公顷的“华夏名亭园”。1994 年，公园被命名为北京市爱国主义教育基地。

需提前一至七天在微信公众号“畅游公园”上预约购票。

②

琉璃厂

地址：西城区和平门外

简介：琉璃厂是北京著名的文化街，有“中国博物馆街”的美誉。琉璃厂的“厂甸”，是北京特有的“春节文化集市”。清乾隆三十八年（1773）开四库馆，天下典籍汇聚京城，官府和文人雅士对书籍和文化用品的需求，促使这里书业和相关行业兴盛起来。巷内有荣宝斋、戴月轩、槐荫山房、一得阁、中国书店等著名老字号。东侧曾有一尺大街（现已并入杨梅竹斜街），长二十五米，曾是北京最短的胡同。

④

北海公园

地址：西城区文津街1号

简介：北海公园主要由琼华岛、东岸、北岸、西岸等四大景区组成。琼华岛是北海的中心景区，登白塔山可俯瞰北京风光。东岸漪澜堂波光掩映，濠濮间游廊曲折。北岸有小西天、大西天、阐福寺、西天梵境、九龙壁等景点。团城被誉为“空中花园”，有承光殿玉佛、元代玉瓮“渎山大玉海”，受乾隆帝册封的白袍将军、遮荫侯等古树明星。北海及团城为全国重点文物保护单位。

需提前一至七天在微信公众号“畅游公园”上预约购票，可选择购买门票或联票，联票含永安寺（周一关闭）、团城等景点门票。可从东、南、西南、北、北小五个门进入园区。

⑤

西什库教堂

地址：西城区西什库大街33号

简介：西什库教堂是一座哥特式建筑，本名救世堂，又称北堂，是北京现存最大的一座教堂。清康熙年间，皇帝染上疟疾，因服用传教士给的奎宁得以痊愈，批准他们建蚕池口教堂。清光绪十四年（1888），由清廷拨款、拨地，将教堂迁至西什库今址。1900年义和团和清军攻打教堂，教堂损毁严重，庚子议和后由清政府出资重修。西什库教堂为全国重点文物保护单位。